Collection Voyages gourmands

Cuisine d'Alsace

Dans la collection *Voyages gourmands* :

Recettes en Provence
Recipes from Provence
Rezepte aus der Provence
Ricette dalla Provenza
Cuisine traditionnelle en pays niçois
Cuisine et fêtes en Provence
Tians et petits farcis
Recettes de couscous
Ma cuisine malgache
Cuisines d'Afrique
Ma cuisine catalane au fil des saisons
Recettes gourmandes d'Angleterre
Ma cuisine arménienne
Cuisine vietnamienne
Cuisine et fêtes traditionnelles en pays limousin
La cuisine portugaise
Cuisine d'Auvergne et du Bourbonnais
Ma cuisine libanaise
Tour de France des cuisines régionales
Ma cuisine savoyarde
Ma cuisine marocaine
Ma cuisine algérienne
Cuisine du Tarn

Illustrations Marie-Françoise Delarozière
Tissu de couverture : *Motif Vieux Strasbourg*, Éditions Beauvillé

SARL ÉDISUD, LA CALADE, RN 7, 3 120 ROUTE D'AVIGNON
13090 AIX-EN-PROVENCE – FRANCE
Tél. 04 42 21 61 44 / Fax 04 42 21 56 20
www.edisud.com – e.mail : commercial@edisud.com

ISBN 2-7449-0235-7

Marie BRIGEL
Robert CAUQUIL

Cuisine d'Alsace

Édisud

À *Mariette*,
À *Josiane*,

À *Ariane*…

Sommaire

Les animaux se repaissent, l'homme mange,
l'homme d'esprit seul sait manger.
Brillat-Savarin, « *Psychologie du goût* »

Introduction

Tout ça, c'est à cause de Marie.

C'est vrai, j'ai longtemps séjourné en Alsace, où j'avais – où j'ai toujours – des attaches profondes. Durant plus de dix années, j'ai eu la chance de trouver une famille qui m'a initié aux subtilités de la vie alsacienne, aux finesses de l'humour des habitants, fait découvrir les villes, les villages, la campagne et les forêts, qui m'a fait participer aux cérémonies, aux fêtes et appris à connaître les traditions. Mais, surtout, j'ai eu cet immense bonheur – moi qui suis d'un naturel gourmand et gourmet, et pour qui cuisiner a toujours été un acte quasi solennel – de vivre avec un entourage qui mettait les plaisirs de la table et de la bonne chère au rang des cadeaux de la vie. « *Il faut manger pour vivre, et non vivre pour manger* » : certes, mais tant qu'à faire, autant que ce qu'on trouve sur sa table soit le meilleur possible. Et les bonnes choses, ici, ça se partage. Ça s'apprécie en commun. Le plaisir n'en est que plus grand…

Et Marie, dans tout ça ? En vraie Alsacienne, et en fin cordon bleu – presque un pléonasme –, amoureuse de sa région et des traditions gastronomiques qui y sont attachées, elle voulait bien échanger avec moi ses jugements sur tel plat, telle préparation. Nous n'étions pas toujours d'accord, mais c'était plus taquineries que réelles divergences. Jusqu'au jour où elle a lancé cette idée : « *Et pourquoi n'écrirais-tu pas un livre sur la cuisine alsacienne* ? » Tout seul, je n'aurais jamais eu le courage de me lancer dans l'aventure. Heureusement, Marie était là, qui voulait bien être à mes côtés. Alors, j'ai remis mon tablier, repris avec elle le chemin des cuisines… et des souvenirs.

Label Alsace

L'Alsace, c'est d'abord, pour une grande majorité de Français « de l'intérieur », une série de clichés : Alsaciennes au sourire radieux et aux joues roses sous leur large coiffure noire ornée d'une cocarde tricolore ; pimpantes maisons à colombages où retombent en cascades de magnifiques potées de géraniums aux couleurs vives ; enseignes qui fleurent bon le temps passé et l'amour du travail bien fait ; villages et villes dont on a eu à cœur de respecter l'âme et le charme ; cigognes, tranquillement installées dans leurs nids posés tout en haut d'une cheminée. Ce sont encore les forêts aux mille essences, porteuses de tant de beauté et de mystère, de riches vallées riantes, verdoyantes...

Des clichés ? Pas tant que cela. Si l'on excepte les Alsaciennes en costume, que l'on ne voit plus que lors des manifestations folkloriques ou des fêtes régionales, tout est là, en l'état. Même les cigognes !

Villes, villages, forêts, champs, vignes... tout ici respire la propreté. Et flotte, perceptible, un parfum de bonhomie, de paix, de savoir-vivre. Un savoir-vivre qui se retrouve évidemment dans les plaisirs de la table. Ah, la table alsacienne ! Quitte à être accusé de parti pris, je dirai que le seul énoncé des spécialités culinaires titille déjà les papilles, emplit les narines de fumets odorants, fait saliver le palais... Il suffit de fermer les yeux et d'écouter, ou de lire : bouillon de bœuf aux quenelles de moelle, flammeküeche[1], spätzele[2], grumbeerekirche[3], baeckeofe[4]. Et la choucroute, et le kougelhopf, et le vin... Patience, nous verrons tout cela de plus près par la suite.

Étonnante Alsace, en tout cas ! Tiraillée, bousculée, ballottée des décennies durant entre Germanie, Prusse et France. Alsace et Alsaciens auraient pu, à ce dramatique jeu de yo-yo de l'Histoire, perdre leur âme et leur caractère. Mais la région et ses habitants sont solides, et, tout au contraire, l'une et les autres ont conservé envers et contre tout leur particularisme. Une belle leçon, en vérité !

Dans le domaine de la gastronomie, l'Alsace est considérée comme l'un des hauts lieux du bien manger et du bien boire. L'Alsacien aime une table finement garnie. Que le repas se déroule à la maison ou à l'auberge, c'est toujours avec un réel plaisir qu'il se prépare et qu'il se déguste. Un plaisir qu'il aime partager : l'Alsacien ne mange pas « en Suisse », il déteste l'idée même d'un bon repas en solitaire. Et il est fier de faire connaître aux étrangers à la région – tout comme à ses compatriotes « de l'intérieur » – une cuisine élevée au rang d'art de vivre. Les réunions de famille – simples retrouvailles du dimanche ou rassemblements plus solennels à l'occasion d'un mariage, d'un baptême... – donnent lieu à une fébrile activité côté cuisines. Règne alors par avance le mélange étonnant d'un double plaisir : celui de la fête elle-même (ici, le seul fait d'être réuni est déjà une fête), et celui du palais. Les fins gourmets que sont les Alsaciens semblent goûter (le mot convient parfaitement) autant aux préparatifs culinaires qu'à leur prochaine dégustation.

Winstubs, auberges, restaurants ne manquent pas en Alsace. Et l'Alsacien aime, certains soirs de fin de semaine, se rendre en famille dans l'un de ces établissements où, là aussi, l'ambiance est gaie, détendue, bonhomme. Il y dégustera la plupart du temps les mêmes plats traditionnels que chez lui ; mais c'est pour tous l'occasion de se retrouver, de partager quelques heures de convivialité spontanée. Une manière agréable de casser le train-train quotidien, de profiter d'un moment de liberté sans le souci du service, de parler, d'échanger... Un art de vivre...

Que l'on se rassure – si besoin était : l'Alsace n'est pas en reste dans le domaine de la très haute gastronomie. Les établissements de renom ne manquent pas, et les chefs étoilés y sont nombreux. Étoilé ou pas, toqué ou pas, chacun met tout son amour du travail bien fait et de la bonne chère dans ses préparations. Mais c'est là une autre cuisine, magnifiée par nombre d'ouvrages qui leur font la part belle. Nous nous intéresserons, nous, à la cuisine familiale. Celle qui, au fil des décennies, a sans cesse traduit l'amour des femmes et des hommes de cette région pour les traditions, synonymes ici de bonheur de vivre. Une cuisine qui s'est transmise de mère en fille, avec tous ses petits et grands secrets. Une cuisine au demeurant à la portée de chacun : il suffit d'un livre de recettes, d'une pincée de bonne volonté, d'un soupçon de curiosité, et d'une brassée d'amour du bon et du beau.

Bonne lecture. Et bon appétit !

---

1. Tarte fine au fromage blanc et aux lardons. Autrefois, elle était cuite au four à bois, d'où l'appellation de « tarte flambée ».

2. Nouilles dont la tradition remonte au Moyen Âge. Accompagnement idéal des volailles et des viandes.

3. Galettes de pommes de terre accompagnant une viande ou se dégustant chaudes avec une salade.

4. Potée de diverses viandes et de pommes de terre servies dans la terrine vernissée dans laquelle elles ont cuit.

Conventions et mesures

Les recettes que nous donnons dans ce livre sont établies sur la base de 6 personnes – sauf indication contraire.

Les différents produits ou ingrédients nécessaires aux préparations sont, aujourd'hui, très souvent proposés par les fabricants dans des conditionnements gradués ou dosés. Cela facilite grandement le respect des quantités indiquées dans les recettes lorsqu'on ne dispose pas d'instruments de mesure adéquats (verre doseur, par exemple).

Pour les assaisonnements, nous donnons ici à titre indicatif quelques mesures « de dépannage » :

– 1 cuillerée à soupe de liquide = environ 1 cl.

– 1 cuillerée à café rase de poivre = environ 5 g.

– 1 cuillerée à soupe rase de sel fin = environ 12 à 15 g.

– 1 cuillerée à soupe rase de Maïzena ou de fécule de pomme de terre = environ 10 g.

– 1 cuillerée à café rase de Maïzena ou de fécule de pomme de terre = environ 3 g.

L'Alsace : *un terroir plein de richesses*

Des succulentes spécialités charcutières à la célèbre choucroute, de la bière aux vins mondialement connus, des chaleureuses winstubs à la fameuse Route des vins, *des eaux-de-vie pleines de parfums à la petite histoire du pain d'épice, pour finir par un rapide tour d'horizon des fêtes traditionnelles, voici une mise en bouche appétissante de la carte alsacienne.*

Charcuterie : *l'art et la manière*

Sa réputation n'est plus à faire, et quiconque y a goûté une fois ne peut en oublier la variété ni la saveur. Il faut au moins une fois être entré dans une charcuterie alsacienne, ou même être passé au rayon d'une grande surface : saucissons, saucisses, pâtés, terrines, jambons, palette, lard, roulades, kassler, knacks..., une quantité de cochonnailles s'étale derrière les vitrines. La vue seule déjà fait saliver. Et ces fumets odorants ! On repart de là le cabas rempli, et bien déterminé à ne commencer un régime que... plus tard, demain peut-être, ou après-demain...

Bien sûr, les plus connues sont les fameuses – dans tous les sens du terme – saucisses de Strasbourg, les knacks. Les vraies, s'entend, et non ces succédanés dont on s'efforce ici ou là de nous faire avaler que ce sont les authentiques. Ces knacks trônent traditionnellement au-dessus et autour d'une choucroute fumante. On n'aurait garde d'oublier dans ce domaine ces autres délicieuses préparations que sont le cervelas (*klepfer*, que nous retrouverons dans une salade simple à préparer), le boudin noir épicé (*blutwurst*), et la longue liste des saucisses : *bratwurst* (saucisse à frire), *bierwurst* (de bière, à cuire), *leverwurst* (de foie, à tartiner), *fleischwurst* (de viande, à rôtir ou à consommer froide), *schwartzwurst* (noire), d'autres encore...

Il me souvient de ces samedis soirs où, afin de se ménager une soirée sans préparations culinaires lourdes, il était coutume de se contenter – si l'on peut dire – d'un repas léger en famille. On se rendait chez le charcutier du coin, à qui on achetait le fameux aufschnitt, un assortiment de charcuterie (saucisses, saucissons) en tranches, avec bien entendu quelques knacks « en soutien ». Avec une salade de pommes de terre ou de gruyère – à moins que ce ne soit avec les deux ! – et quelques rasades de riesling, voilà qui constituait une « collation » aussi savoureuse que conviviale. Cela se terminait avec une bonne part de munster, une portion de tarte faite maison et un petit verre de schnaps pour faire passer le tout.

La choucroute : *un plat fumant*

Choucroute rime avec Alsace : cela ne paraît pas évident à première vue, mais prononcez le premier mot et n'importe quel interlocuteur vous répondra par le second. La mine gourmande, en plus...

C'est vrai, la choucroute est le plat « emblématique », comme l'on dit aujourd'hui, de cette région. La choucroute, c'est quoi, exactement ? Du chou finement émincé, ayant fermenté dans une saumure aromatisée de baies de genièvre. Cette fermentation le rend plus digestible (ceux qui avancent que la choucroute se digère difficilement se trompent ; ce sont les viandes salées ou fumées, et grasses, qui l'accompagnent qui la font peser un peu sur l'estomac !). Voilà longtemps, avant l'ère des congélateurs, des chambres froides, et des serres pourvoyeuses de légumes du premier de l'an à la Saint-Sylvestre, c'était un mode de conservation qui permettait de consommer ce légume en hiver.

Une précision pour ceux qui s'intéressent à l'origine des mots. Choucroute dérive de l'alsacien *sürkrutt* : *sür* signifie aigre, *krutt* désigne une plante comestible comme le chou. La fermentation au sel de ce dernier vient d'Allemagne et remonte à la fin du Moyen Âge. La choucroute est le plus souvent préparée avec de la charcuterie (lard salé et fumé, saucisses), des côtes de porc, des pommes de terre bouillies. Mais on trouve des variantes telles celles que nous aurons l'occasion de détailler dans la partie Recettes.

Le *munster* : *une sacrée bonne pâte* !

Dans le domaine des fromages, disons-le tout net : l'Alsace ne fait pas dans la richesse. Par rapport à d'autres régions, elle fait même dans le sommaire. Elle ne peut aligner, si l'on peut dire, qu'un seul fromage. Mais quel fromage ! Connu par tous et partout, le munster n'est pas n'importe qui : fabriqué dans des marcaires (de *melker*, trayeur de vaches) de la montagne vosgienne depuis des siècles, il tire son nom de la ville alsacienne de Munster, et a obtenu voilà vingt-trois ans l'Appellation d'Origine Contrôlée. C'est une vache rustique, la Vosgienne, qui fournit le lait particulièrement riche et aromatique utilisé pour sa fabrication.

Le munster est un fromage à pâte molle et à la croûte lavée que l'on affine en cave (trois semaines au moins pour le munster, disque plat de 12 à 19 cm, deux semaines pour le petit munster, de 7 à 11 cm). Le fermier est à base de lait cru, le laitier à base de lait pasteurisé. Pour ceux qui surveillent les calories, à consommer avec modération : il affiche gaillardement ses 50 % de matières grasses ! C'est en été et en automne, saisons où les vaches sont en pâture, que vous trouverez les meilleurs « fermiers ». Ils doivent avoir une croûte lisse et légèrement humide, d'une couleur allant du jaune orangé au rouge orangé. Bouquet fort, très reconnaissable.

Seul représentant de la gent fromagère, il est néanmoins dégusté sous de nombreuses formes. À point, il est le bienvenu à la fin d'un repas – certains le servent parsemé de graines de cumin, ce qui lui donne une saveur particulière. Dans sa prime jeunesse, il est souvent consommé au dessert, arrosé de kirsch et surmonté de crème fouette sucrée : mais oui ! On appelle cela le *siesskas*. Je connais des amis qui sont friands de cette préparation. Toujours jeune – et c'est ainsi que je le préfère –, on le sert aussi salé, écrasé avec des gousses d'ail pilé et du cumin : c'est le fameux *bibeleskas*. Accompagné de pommes de terre bouillies, c'est un régal (pas non plus recommandé aux malheureux en train de suivre un régime !).

La bière se fait mousser

Les Celtes, dit-on, brassaient en Alsace, et de leur époque viendrait la tradition de la bière dans cette province. Ce que l'on sait mieux, c'est que dès le XIIe siècle, la bière était brassée essentiellement dans les couvents ou les monastères et qu'il s'en consommait de sérieuses quantités. La bière, c'est quoi ? De l'orge, du houblon, des levures, et de l'eau, beaucoup d'eau : huit litres pour un seul litre de bière. Il n'y a pas que les moines qui, à l'époque, fabriquent cette boisson : bien des familles brassent elles aussi, pour leur propre consommation.

Pratiquement – et brièvement – voici comment se passent les choses : l'orge, mise à tremper, germe. Elle devient alors malt. Concassé, mélangé à de l'eau, ce dernier est mis à chauffer dans une chaudière. Le moût obtenu est additionné de houblon, qui donnera amertume et arôme. On lui ajoute ensuite la levure, et il est mis à fermenter dans des cuves réfrigérées. Dernier stade : l'ensemble mûrit dans des cuves de garde, puis soutiré, mis en fûts ou en bouteilles. Prêt à la consommation...

Victimes des restructurations et des diktats de l'économie moderne, les nombreuses brasseries jadis présentes en Alsace ne sont aujourd'hui pour la plupart plus que souvenir. Il n'en reste pas moins que l'Alsace est toujours la première région brassicole de France et que sa production est présente partout, en France comme dans le monde entier. Kronenbourg, Mutzig, Adelshoffen, Fischer : des noms aux reflets d'ambre, rafraîchissants, désaltérants...

Au fait, comment se consomme la bière ? Côté température, autour de 6 à 8°. Cannette, bouteille ou pression ? Chacune a ses adeptes, et il serait vain de vouloir convaincre à tout prix. Les deux premières garantissent une certaine constance dans la qualité, c'est vrai. Mais la dernière – la pression – est en général plus agréable, plus conviviale aussi. Et si elle est servie dans les règles de l'art, le fameux « faux col » qui chatouille les lèvres – et reste sur les poils des moustachus – ne doit pas être épais de plus de deux doigts...

La bière « de table » n'est pas une boisson très alcoolique : environ 4°. À plus fort degré d'alcool (8° environ), elle se boit hors repas, dans les *winstubs* et bien entendu les *bierstubs* d'Alsace.

Beaucoup d'Alsaciens aiment boire la bière additionnée d'Amer – ou de Picon –, préparation à base d'écorces d'oranges. Mais là, attention aux proportions : le mélange peut se révéler musclé. Et provoquer soit une forte propension à la sieste, soit un tenace « mal aux cheveux » !

Winstubs et Bierstubs : les coins tranquilles

Bars à vin (*winstubs*) ou bars à bière (*bierstubs*) sont des établissements typiques de l'Alsace. Une enseigne au-dessus de la porte d'entrée, des fenêtres à petits carreaux, des boiseries aux murs, quelques banquettes, parfois un magnifique poêle en faïence dans un coin d'une des salles, des tables en bois qui sentent bon la cire, une ambiance intime, chaude. Ici, pas d'éclats de voix, pas de musiques ni d'éclairages agressifs. Les conversations sont feutrées, même si parfois un mot, un rire sonnent plus fort.

Les habitués viennent dans la journée passer un moment avec quelques amis, devant un pot de bière ou de vin blanc. À une table, quatre papis tapent le carton. La grosse pendule, contre le mur, égrène les demies et les heures de son carillon au son grave...

Le soir, l'ambiance est plus animée. Dans une atmosphère bon enfant, les clients – seuls ou en famille – arrivent pour se restaurer. Tarte à l'oignon, tarte flambée (la célébrissime flammeküeche), salade de pommes de terre ou de cervelas, arrosées de vins blancs du cru : les nourritures solides ne manquent pas, et c'est dans une atmosphère joyeuse, détendue, que se déroule la soirée.

Vins : *la preuve par sept*

La réputation des vins d'Alsace n'est plus à faire. Comme les péchés capitaux – mais Dieu qu'il est bon de succomber, même avec modération ! – ils sont au nombre de sept. Contrairement aux autres régions viticoles, c'est le cépage (c'est-à-dire la variété de vigne d'où ils sont issus) qui leur donne leur nom : Riesling, Sylvaner, Pinot blanc, Muscat d'Alsace, Tokay d'Alsace et Gewurtztraminer pour les vins blancs, et Pinot noir pour le rosé. Ils bénéficient de l'Appellation d'Origine Contrôlée (AOC) « Alsace ».

Tous sont présentés dans la « flûte d'Alsace », au long col caractéristique. Cette bouteille est réglementairement réservée aux seuls vins d'Alsace, et depuis 1972 l'embouteillement se fait obligatoirement dans la région de production. Pas question de consommer ces vins n'importe comment. Tout d'abord, il convient de les servir frais – *frais*, et non glacés ! –, soit à une température de 10°-12 °C. Inutile donc de les placer dans la partie la plus froide du réfrigérateur. Et surtout pas dans le congélateur ! Même si, nous allons le voir, quelques-uns vieillissent bien, les vins d'Alsace se consomment jeunes, c'est-à-dire de un à cinq ans après leur récolte.

- Le **Riesling** est le cépage rhénan par excellence. Le vin, considéré comme le roi des vins d'Alsace, est vif, viril, d'un fruité exquis et d'un bouquet des plus délicats. Il se marie parfaitement avec les préparations haut de gamme, et convient aussi bien aux poissons qu'aux viandes blanches. C'est un vin qui se garde très bien en cave.
- Le **Sylvaner**, frais, fruité, léger, qui désaltère agréablement. Il accompagne aussi bien les poissons et les fruits de mer que les charcuteries. À boire dans les deux ou trois ans.
- Le **Pinot blanc** reste encore un peu moins connu du fait d'une extension plus récente. Mais nul doute qu'il rattrapera vite ses frères, car c'est là un excellent vin, élégant, équilibré, souple, qui peut être bu tout au long d'un repas. À garder moins de cinq ans.
- Sec, délicieusement bouqueté, au goût de raisin frais, le **Muscat d'Alsace** est un vin blanc sec. Il se sert aussi bien à l'apéritif qu'avec certaines entrées ou au dessert avec quelques douceurs sucrées. Et quel régal quand, pour un petit « 4 heures » impromptu, on vous sert un verre de ce nectar avec une tranche épaisse moelleuse à souhait de kougelhopf encore tiède... Un vin à ne pas garder plus de cinq ou six ans.

– Le **Tokay d'Alsace** – ou **Pinot gris** –, charpenté, rond, corsé, peut lui aussi accompagner sans risque de fausse note tout un repas. Il fait excellent ménage avec foie gras et pâtés, poissons et volailles, et peut parfaitement tenir la comparaison avec un rouge en accompagnement d'une viande rouge. C'est un vin qui vieillit bien.

– Le **Gewurtztraminer**, dit « épicé » (*gewurtz*) à cause de son goût riche, aromatique et puissant, constitue un vrai moment de bonheur servi avec un foie gras ou bien encore avec un fromage fort comme le roquefort ou le munster. C'est un bon vin de garde qui se bonifie.

– Quant au **Pinot noir**, il s'agit d'un vin blanc vinifié en rouge. Sec, très agréable à boire, délicieusement fruité, il ne dépare avec aucune préparation. À consommer plutôt jeune.

Ce tour d'horizon des crus alsaciens ne serait pas complet si nous ne parlions de trois autres vins : l'Edelzwicker, le crémant, les vins dits de « vendanges tardives » et les « sélections de grains nobles ».

– L'**Edelzwicker**, contrairement à tous les autres, est un assemblage de cépages nobles (*edel*). Agréable au goût, il est réservé à la consommation courante et souvent servi en pichet dans les winstubs.

– Le **crémant** est lui aussi un mélange de cépages. Les viticulteurs ont fait de ce vin traité à la mode champenoise un produit de qualité qui ne souffre plus de la comparaison.

– Les vendanges commencent en général début octobre, et durent entre quatre et cinq semaines. Les meilleures parcelles sont récoltées en dernier, un peu avant la mi-novembre. Ce sont les fameuses « **vendanges tardives** ». Elles donnent des vins un peu liquoreux, superbes.

– Les « **sélections de grains nobles** » sont attribuées à des vins obtenus par tris de grains vendangés en surmaturité et atteints de pourriture noble (la même que celle à l'origine du Sauternes). Nous avons là des vins eux aussi superbes.

Parler des vins d'Alsace, c'est immanquablement évoquer **la Route des Vins**. Sur presque 200 kilomètres, des milliers d'hectares de vignes – alignements de ceps à perte de vue sur des terrains soigneusement entretenus – étalent leur couverture aux couleurs changeantes avec les saisons jusque dans la plaine. De Marlenheim, au nord, jusqu'à Thann, au sud, vous allez traverser une région riche d'histoire, de vestiges, de villages agréables... et de bonnes caves. Un conseil : prenez tout votre temps. Le circuit vous permettra certes de découvrir, de mieux connaître et d'apprécier ces vins dont nous venons de parler. Il vous donnera également l'occasion de rencontrer des gens amoureux de leur métier, et soucieux de garder aux produits de leur région cette qualité et cette authenticité qui en font la renommée. Alors, en route ! Vos prochaines étapes : Westhoffen, Rosheim, Ottrott, Obernai, Barr, Scherwiller, Riquewihr, Kaysersberg, Pfaffenheim, Soultzmatt..., entre autres dizaines de cités toutes plus attachantes les unes que les autres.

Eaux-de-vie : un degré de perfection

La distillation, en Alsace, c'est une tradition qui remonte loin, très loin. Avant la suppression du droit héréditaire de bouilleur de cru, nombreuses étaient les familles à posséder un alambic. Et à la saison de la distillation, l'air se chargeait d'effluves odorants... Le législateur est passé par là, qui a mis fin à ces pratiques ancestrales. On peut le regretter...

Cela dit, l'Alsace est toujours la région où l'on est assuré de trouver une gamme aussi étendue que variée d'eaux-de-vie et de liqueurs.

Les fruits cueillis dans les vergers – mirabelles, prunes, quetsches, poires, entre autres – fournissent une matière première abondante. Avec bien sûr la cerise, qui donne le kirsch, universellement connu. Une notoriété qui n'a pas que de bons côtés, au demeurant : la fabrication parfois approximative, avec des fruits pas toujours d'excellente qualité aboutit à une production qui n'a qu'un lointain rapport avec *le* kirsch, le vrai, celui fait à partir de cerises sauvages, et qu'il devient difficile de trouver aujourd'hui.

Le bon vieux schnaps, lui (dont le Petit Robert dit que c'est une « *eau-de-vie de pomme de terre ou de grain fabriquée en Allemagne* ») est plus folklorique que réellement « goûteux ». En revanche, les Alsaciens ont mis à profit la profusion de baies sauvages que l'on trouve dans les forêts vosgiennes pour élaborer de superbes et odorantes eaux-de-vie. La framboise a beau être classique, elle est toujours aussi flatteuse au palais, et son parfum – il suffit pour cela d'un peu d'imagination – vous transporte illico sur les pentes boisées, dans un moutonnement de verdeurs sauvages. Goûtez aussi à l'eau-de-vie de myrtille, à celle de sureau, de sorbier, de cynorhodon (ce fruit de l'églantier que l'on appelle plus communément « gratte-cul »), de mûre... Et combien d'autres encore, certaines plus rares, ou plus étonnantes, comme l'eau-de-vie de bourgeons de sapin. Tout cela à consommer là aussi avec modération, comme il se doit, pour en apprécier pleinement la saveur, la finesse, le bouquet.

Les métamorphoses du pain d'épice

C'est à quelques kilomètres de Strasbourg aux environs d'Obernai. Dans un petit village, une boutique un peu en retrait de la nationale. Spécialité : le pain d'épice. Autant l'avouer, on ne regrette pas de s'être arrêté ! À peine entrée, comme grisée par les senteurs de sucre et de miel, la famille s'éparpille, chacun attiré par des présentations différentes du fameux pain d'épice : parallélépipèdes de toutes tailles – présentation classique ; languettes plates recouvertes de sucre glace, décorées d'une image représentant une fillette alsacienne dans ses plus beaux atours, ses longs cheveux tressés retombant sur ses épaules ; en forme de cœur, avec quelques motifs dessinés à la crème durcie – une cigogne, un edelweiss ; d'autres encore, par dizaines...

Comme pour le vin, comme pour les eaux-de-vie et autres douceurs, ce sont les moines et les religieuses qui, dans leurs monastères et leurs couvents, ont commencé à fabriquer des pains d'épice. Les voies du Seigneur sont peut-être impénétrables, mais ses serviteurs savaient en tout cas trouver celles qui menaient à la bonne cuisine ! Grâces leur soient rendues... Début décembre, c'est en tout cas un saint – Nicolas, en l'occurrence – qui récompense les enfants sages (mais dans sa bonté il considère que tous les enfants ont été sages) en leur distribuant gâteries... et pains d'épice. Ces derniers sont décorés de toute l'imagerie traditionnelle : celle de saint Nicolas, bien sûr, Hans et Gretel, Pères Noël, enfants vêtus du costume alsacien, etc.

Notre petite famille a fini par quitter le magasin de douceurs, quelques sacs bien remplis de friandises. Dieu que le péché de gourmandise peut être bon ! Et il existe en Alsace suffisamment d'autres boutiques semblables pour être assuré de retomber dans la tentation un nombre incalculable de fois !

Faites la fête !

Nous l'avons dit : l'Alsacien aime partager les bonnes choses. Aussi, inutile de préciser qu'il n'est pas le dernier à se réjouir à l'idée de faire la fête. Et la fête, ou plutôt les fêtes, ce n'est pas ce qui manque chez lui ! Entre les fêtes religieuses, de tradition chrétienne – dont l'origine remonte pour la plupart loin dans l'Histoire, et qui sont porteuses d'un léger parfum de pratiques païennes –, et les autres, les « civiles » – fêtes du cochon, du vin nouveau, des asperges, plus celles propres à chaque ville ou village –, les occasions de se réunir et de festoyer sont légion.

Ici comme ailleurs, Noël réunit toute la famille. Selon les régions, ou les familles, on partage le Christstolle, un pain de Noël aux fruits et aux épices, ou le Birewecke, gâteau aux fruits secs. Bien entendu, la bûche faite maison est aussi de rigueur. Et puis les truffes au chocolat, les petits sablés à l'anis, les Butterbredle, les Spingerle, les Lebkuchen, entre autres, tous préparés par la maîtresse de maison qui n'a pour l'occasion ménagé ni son temps ni sa peine.

Pour la Saint-Nicolas, au début du mois de décembre, les petits reçoivent pains d'épice décorés d'images colorées et friandises. Le bon saint, barbe blanche et sourire plein de bonté, passait autrefois monté sur son âne. Les enfants l'attendaient avec impatience... sauf ceux qui n'avaient pas la conscience bien tranquille : il faut dire que le bonhomme était accompagné du terrible Père Fouettard – Hans Trapp – chargé de punir les garnements qui, terrorisés, cherchaient refuge derrière les jupes de leur maman...

Jour de l'An, Épiphanie, Pâques où l'on cuit ces « biscuits » si légers dans des moules en forme d'agneau... La bonne humeur est de rigueur. Et les tables sont bien garnies... Allez, hop la ! Bon appétit...

Les recettes de la cuisine alsacienne

La traduction en alsacien des recettes a été l'objet de longues hésitations. En fin de compte, nous avons opté avec Marie pour l'orthographe donnée par l'ouvrage publié aux éditions Jean-Paul Gisserot, « Mon premier dictionnaire français-alsacien en images ».

Soupes, potages

Soupe à la bière
Velouté aux asperges
Soupe à l'oignon
Soupe au chou rouge
Soupe aux lentilles
Soupe aux pâtes
Soupe aux quenelles de moelle
Potage aux cuisses de grenouilles
Soupe au vin blanc
Soupe aux abats d'oie
Potage à la farine grillée
Soupe aux pois
Soupe à la crème
Soupe au lait

Soupe à la bière
Biersupp

• 1,5 *litre de bière blonde* • 100 *g de beurre*
• 100 *g de farine* • 10 *cl de crème fraîche*
• 1 *pincée de cannelle en poudre*
• *petites tranches de pain grillé* • *sel* • *poivre*

Dans une grande casserole, sur feu très doux, mélangez le beurre et la farine en remuant au fouet sans laisser prendre couleur. Mouillez peu à peu avec la bière sans cesser de remuer, jusqu'à ébullition.

Salez, poivrez, ajoutez la pincée de cannelle. Laissez cuire à petits frémissements pendant 20 minutes.

Juste avant de servir, liez avec la crème fraîche.

Versez dans les assiettes et ajoutez dans chacune deux ou trois petites tranches de pain grillé.

Velouté aux asperges
Spacherlasupp

L'asperge est très peu calorique : à bien y regarder, ce n'est que de l'eau, en quelque sorte. Ses vertus diététiques sont bien connues, mais il convient de faire attention à sa forte teneur en acide oxalique. La consommation régulière d'asperges est à éviter dans certains cas de lithiases rénales (c'est-à-dire par les personnes présentant des risques de formation de calculs rénaux).

• *600 g d'asperges* • *60 g de beurre*
• *60 g de crème de riz* • *20 cl de crème fraîche*
• *3 jaunes d'œufs* • *sel* • *poivre*

Pelez les asperges (utilisez pour cela un couteau économe ou un couteau à lame fine bien affûtée). Coupez la base dure.

Mettez à cuire 10 minutes dans de l'eau salée. À la fin de la cuisson, égouttez soigneusement les asperges en les sortant délicatement à l'aide d'une écumoire.

Coupez les pointes, taillez-les en rondelles. Réservez.

Remettez le reste des asperges dans l'eau bouillante durant une dizaine de minutes. Égouttez (conservez l'eau de cuisson) et passez au moulin légumes. Mélangez ensuite avec 1 litre d'eau de la cuisson. Saler et poivrez.

Dans une casserole, sur feu doux, faites fondre le beurre. Ajoutez la crème de riz. Mélangez au fouet. Laissez dorer sur feu très doux, puis incorporez le bouillon chaud sans cesser de remuer au fouet.

Dans un bol, mélangez au fouet la crème fraîche et les jaunes d'œufs. Délayez avec quelques cuillerées à soupe de velouté. Reversez dans la casserole avec le velouté. Ajoutez les pointes d'asperges, laissez frémir tout doucement pendant 3 minutes (la préparation ne doit pas bouillir).

Servez.

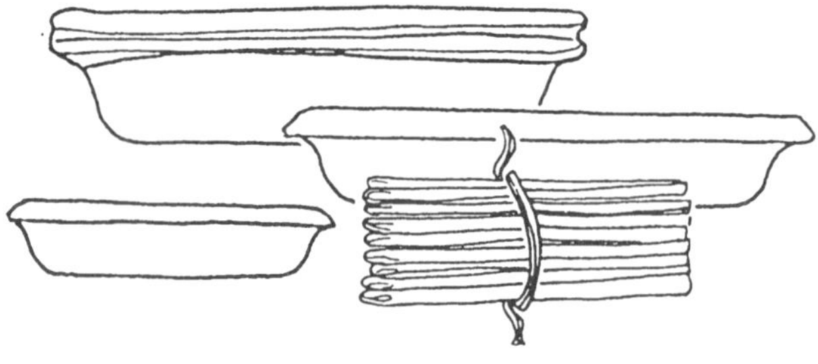

Soupe à l'oignon
Zewelasupp

• 300 *g d'oignons* • 30 *g de farine*
• 100 *g de beurre* • 200 *g de pain de campagne*
• 150 *g de gruyère râpé* • 3 *cubes de bouillon de volaille* • *sel* • *poivre*

Dans une casserole, faites blondir les oignons émincés dans 30 g de beurre. Quand ils commencent à dorer, ajoutez la farine en remuant pendant 3 ou 4 minutes avec une cuiller en bois.

Ajoutez les cubes de bouillon. Versez peu à peu 2 litres d'eau. Salez, poivrez. Laissez mijoter pendant 20 minutes.

Pendant ce temps, faites dorer à la poêle, dans le reste de beurre, le pain coupé en fines tranches.

Versez la soupe dans une terrine à four ronde. Posez dessus les tranches de pain, saupoudrez de gruyère râpé et passez à four préchauffé à Th 7/8 pendant 5 minutes.

Servez aussitôt dans la terrine de cuisson.

Soupe au chou rouge
Rotkrütsupp

• 1 *petit chou rouge* • 600 *g de pommes de terre*
• 2 *oignons* • *sel* • *poivre*

Ciselez grossièrement le chou rouge. Faites-le blanchir dans de l'eau bouillante pendant une dizaine de minutes.

Égouttez-le. Plongez-le dans une grande casserole remplie de 2 litres d'eau salée. Portez à ébullition après avoir ajouté les pommes de terre épluchées et coupées en gros dés et les oignons émincés. Rectifiez l'assaisonnement. Laissez cuire 1 heure à petits frémissements.

Passez au mixer. Servez aussitôt.

Soupe aux lentilles
Linzesupp

• 250 g de lentilles • 150 g de lard fumé • 2 saucisses de porc • 120 g de beurre • 2 blancs de poireaux • 2 carottes • 2 oignons • 1 branche de céleri • 1 cuillerée à soupe de farine • 1 feuille de laurier • 1 clou de girofle • sel • poivre

Dans un grand faitout, faites revenir dans 70 g de beurre les blancs de poireaux, les carottes, les oignons et le céleri lavés et coupés en dés. Ajoutez alors 2,5 litres d'eau. Laissez cuire 1 heure 30 environ à petits frémissements.

10 minutes avant la fin de la cuisson, ajoutez le lard coupé en petits cubes et les saucisses coupées en rondelles.

Dans une petite casserole, versez la farine et le reste de beurre. Faites brunir et versez dans le potage en remuant pour bien le lier.

Rectifiez l'assaisonnement si besoin. Servez.

Soupe aux pâtes
Riewelasupp

• 150 g de farine • 3 œufs • 4 cubes de bouillon de bœuf ou de bouillon de volaille • sel • poivre

Versez la farine dans un saladier. Ajoutez les œufs, le sel et le poivre. Mélangez en travaillant entre les paumes des mains. Vous devez obtenir des petits tronçons de pâte.

Dans une casserole, faites bouillir 2 litres d'eau dans laquelle vous avez mis les cubes de bouillon. Aux premiers frémissements, plongez les riewele et laissez cuire 10 minutes.

Servez chaud.

Cette soupe toute simple peut être transformée en un onctueux potage de fête. Pour cela, délayez un jaune d'œuf dans un peu de crème fraîche, et ajoutez ce mélange à la soupe au moment de servir.

Soupe aux quenelles de moelle
Fleischsupp met marikknepfle

Dans les circonstances actuelles, nous ne donnons cette recette que pour mémoire. Les précautions prises dans le cadre des mesures sanitaires liées à la maladie de la vache folle interdisent pour l'instant la vente de certaines parties de ces animaux. On ne peut que souhaiter retrouver très vite sur le marché des produits sûrs et de qualité. Si vous ne la connaissez pas encore, vous apprécierez alors cette recette de soupe.

• 1 kg de viande de bœuf (gîte, macreuse) • 2 os à moelle • 2 carottes • 2 navets • 1 poireau • 1 oignon • 2 branches de céleri • 100 g de chapelure • 2 œufs • 30 g de semoule • 1 pincée de muscade râpée • persil • 2 clous de girofle • 1 feuille de laurier • sel • poivre

---

Dans un grand faitout rempli avec 3 litres d'eau, mettez la viande et tous les légumes. Ajoutez le laurier, les clous de girofle, salez, poivrez. Portez à ébullition et laissez cuire 1 heure.

Pendant ce temps, videz les os de leur moelle. Écrasez-la à la fourchette. Ajoutez la chapelure, la semoule, les œufs, la muscade, le persil haché, du sel et du poivre. Formez des petites boulettes et mettez-les à pocher dans le bouillon pendant une dizaine de minutes sans porter à ébullition.

Servez aussitôt.

Vous servirez à part, dans un grand plat tenu au chaud, la viande entourée des légumes en guise de pot-au-feu.

Autre possibilité, tout aussi délicieuse : vous servez au repas suivant ces mêmes viandes et légumes froids en salade. Pour cela, coupez la viande et les légumes en petits morceaux; mettez dans un saladier et assaisonnez avec une sauce vinaigrette. Mélangez délicatement et servez.

Enfin, sachez que les cuisinières avisées prélèvent un ou 2 petits pots de bouillon qu'elles mettent au congélateur. Elles l'utiliseront plus tard pour confectionner de savoureuses salades de pommes de terre.

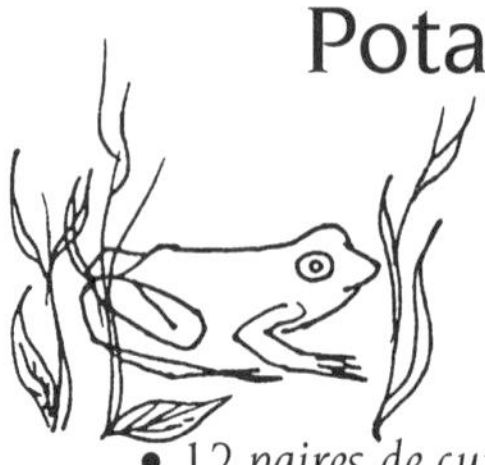

Potage aux cuisses de grenouilles
Frescheschenkelesupp

• *12 paires de cuisses de grenouilles* • *3 jaunes d'œufs* • *120 g de beurre* • *4 échalotes* • *20 cl de crème fraîche* • *60 g de crème de riz* • *1 litre de bouillon de poisson* • *20 cl de vin blanc sec* • *persil* • *sel* • *poivre* • *1 pincée de muscade râpée*

Faites blondir les échalotes émincées et le persil haché dans 50 g de beurre. Ajoutez les cuisses de grenouilles et laissez cuire à feu doux pendant 3 minutes en remuant.

Ajoutez alors le vin blanc et le bouillon. Salez, poivrez. Laissez mijoter pendant 20 minutes.

Ôtez la chair des cuisses de grenouilles. Coupez en petits morceaux.

Dans une casserole, faites fondre le reste de beurre, ajoutez la crème de riz, un peu d'eau. Laissez cuire 15 minutes.

Passez le potage au tamis. Incorporez la chair des grenouilles. Liez avec les jaunes d'œufs battus avec la crème fraîche. Servez très chaud.

Soupe au vin blanc
Wisswinsupp

• *1 litre de vin blanc sec* • *1 litre d'eau* • *8 jaunes d'œufs* • *30 g de beurre* • *200 g de sucre* • *2 pincées de cannelle*

Dans une grande casserole, maniezun roux en mélangeant la farine avec le beurre sur feu doux. Ajoutez 75 cl de vin et l'eau, le sucre, la cannelle. Laissez bouillir sur feu moyen pendant 5 minutes.

Dans un bol, mélangez les jaunes d'œufs et le reste de vin. Versez dans la casserole tout en remuant avec un fouet.

Laissez cuire à petits frémissements pendant 5 minutes. Servez aussitôt dans les assiettes de service avec quelques croûtons de pain dorés à la poêle dans un peu de beurre.

Soupe aux abats d'oie
Ganzsupp

• 2 cous d'oie • 4 ailerons • 2 gésiers • les pattes • 2 carottes • 3 blancs de poireaux • 1 branche de céleri • 1 oignon • 3 clous de girofle • 1 feuille de laurier • persil • 1 branche de thym • 50 g de beurre • 150 g de riz • sel • poivre • 1 pincée de noix de muscade râpée

---

Nettoyez les abats. Passez-les à la flamme au-dessus du gaz. Coupez-les en morceaux et faites-les blanchir.

Faites revenir les légumes coupés en morceaux dans le beurre. Ajoutez les abats égouttés, l'oignon piqué des clous de girofle, le laurier, le thym et 2 litres d'eau. Salez, poivrez et laissez cuire à feu très doux pendant 1 heure 30. Après avoir dégraissé, si nécessaire, ajoutez le riz. Laissez à petits frémissements pendant 30 minutes.

Sortez les abats. Détachez la viande des os, coupez-le en petits morceaux et mettez-les dans la soupe. Retirez le laurier, le thym et l'oignon. Rectifiez l'assaisonnement. Parsemez de persil haché et de muscade. Servez aussitôt.

Potage à la farine grillée
Gerösdi Mahlsupp

• 150 g de farine • 2 litres d'eau • 4 tablettes de bouillon de poule ou de bœuf • 30 g de beurre • 1 oignon • 3 gousses d'ail • persil • sel • poivre

---

Dans une grande casserole, faites fondre le beurre sur feu moyen. Mettez à revenir l'oignon émincé finement et l'ail haché. Ajoutez alors la farine et laissez brunir sans cesser de remuer. Dès que la farine a pris une couleur dorée, versez l'eau peu à peu tout en continuant de remuer au fouet. Ajoutez les tablettes de bouillon. Salez et poivrez. Laissez cuire environ 15 à 20 minutes.

Juste avant de servir, saupoudrez de persil haché fin.

Idéal pour un repas du soir léger, l'hiver, ce potage peut être servi avec quelques petites tranches de pain grillé. Il est possible aussi de saupoudrer de fromage râpé. Accompagnez-le d'une salade d'endives agrémentée de quelques cerneaux de noix.

Soupe aux pois
Erbsupp

• *350 g de pois cassés* • *250 g de lard fumé*
• *4 petites pommes de terre* • *2 carottes* • *1 oignon* • *1 feuille de laurier*
• *2 gousses d'ail* • *50 g de beurre*
• *3 clous de girofle* • *quelques croûtons de pain* • *sel* • *poivre*

Verser les pois cassés dans une grande cocotte avec 3 litres d'eau. Porter à ébullition tout en écumant.

Épluchez les pommes de terre et les carottes puis coupez-les en petits morceaux.

Mettez-les à revenir sur feu moyen dans une poêle avec la moitié du beurre.

Versez-les alors dans la cocotte. Ajoutez l'oignon piqué des clous de girofle, les gousses d'ail, le lard et le laurier. Salez.

Laissez cuire à petit feu pendant 1 heure 30.

En fin de cuisson, retirez l'oignon, le laurier et le lard. Passez la soupe au mixer.

Coupez le morceau de lard en petits lardons. Faites-les revenir dans une poêle avec le reste de beurre en ajoutant les croûtons de pain.

Au moment de servir, versez le lard et les croûtons sur le potage.

Si vous prévoyez de ne servir que ce potage au repas du soir, vous pouvez le « nourrir » en ajoutant à mi-cuisson de la soupe une saucisse de Morteau. Juste avant de servir, vous couperez celle-ci en fines tranches que vous répartirez dans chaque assiette.

Soupe à la crème
Raamsupp

• 40 cl de crème fraîche épaisse • 2 œufs • 200 g de pain rassis • 80 g de beurre • sel • poivre • une bonne pincée de noix de muscade

---

Dans une grande casserole, mettez le pain coupé en tranches fines à revenir 2 minutes dans la moitié du beurre. Ajoutez 1,5 litre d'eau salée et laissez cuire à petits frémissements une quinzaine de minutes en couvrant à moitié.

La cuisson terminée, passez l'ensemble au mixer.

Dans un grand bol, battez vivement au fouet les œufs, la crème fraîche jet la noix de muscade jusqu'à obtenir un mélange homogène.

Versez cet appareil dans le potage tout en remuant avec un fouet. Ajoutez le reste de beurre juste avant de servir. Rectifiez l'assaisonnement si nécessaire.

Soupe au lait
Milichsupp

• 60 g de beurre • 6 pommes de terre • 4 blancs de poireaux • 2 oignons • 2 gousses d'ail • 1,5 litre de lait • sel • poivre • 1 pincée de noix de muscade • 2 tranches de pain moyennes passées au grille-pain

---

Mettez le beurre à fondre dans une grande casserole.

Coupez en morceaux les blancs de poireaux, les oignons et l'ail et versez-les dans la casserole. Couvrez et laissez cuire sur feu doux 10 minutes environ en remuant. Veillez à ce que les légumes ne prennent pas couleur. Versez le lait. Salez, poivrez. Laissez sur feu moyen jusqu'à petits frémissements.

Ajoutez alors les pommes de terre épluchées et coupées en rondelles. Laissez cuire en comptant 30 minutes à partir de la reprise de la petite ébullition.

Avant de servir, écrasez grossièrement les pommes de terre à la fourchette. Servez aussitôt en versant sur les tranches de pain disposées dans chaque assiette.

Si vous voulez donner un peu plus de corps à cette soupe, vous pouvez ajouter hors du feu deux jaunes d'œufs et cinq cuillerées à soupe de crème fraîche préalablement battus au fouet dans un bol.

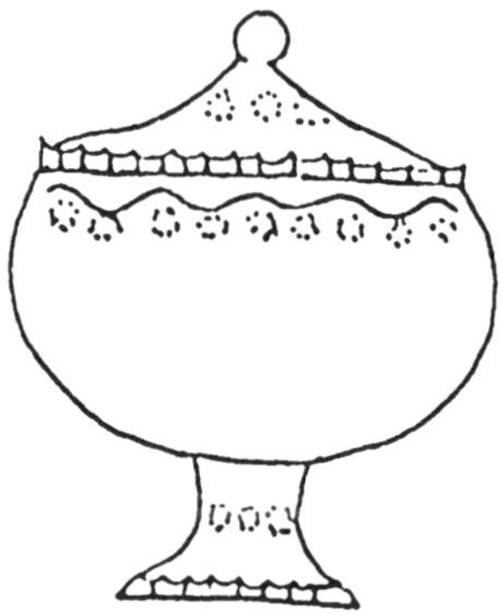

Entrées, salades

Salade de pommes de terre au bouillon
Pommes de terre aux fines herbes
Salade de pommes de terre au raifort
Salade de pommes de terre (variante)
Salade de pommes de terre (variante)
Salade de betteraves rouges
Fromage blanc à l'alsacienne
Bouchées à la reine
Salade de choucroute
Salade de cervelas
Harengs en salade
Harengs marinés
Salade de museau
Asperges aux trois sauces
Salade de gruyère
Fricassée de cuisses de grenouilles
Escargots de Bourgogne
Foie gras
Pâté de foie gras
Pâté de sanglier
Pâté de foie de porc
Kougelhopf salé
Poêlée de cèpes à la bière

Salade de pommes de terre au bouillon
Hardäpfelsalat, Grumbeeresalat

• 700 g de pommes de terre • 1 verre de bouillon de pot-au-feu (voir page 98) • 4 cuillerées à soupe d'huile • 1 cuillerée à soupe de vinaigre de vin vieux • ciboulette • sel • poivre

---

Dans un grand faitout, mettez à cuire les pommes de terre lavées mais non épluchées. Laissez ensuite refroidir.

Épluchez-les et coupez-les en rondelles. Versez dans un saladier.

Ajoutez le bouillon (si besoin préalablement décongelé). Réservez.

Dans un grand bol, préparez une vinaigrette en mélangeant soigneusement l'huile, le vinaigre, le sel et le poivre. Ajoutez à la fin la ciboulette finement ciselée.

Les Alsaciens accompagnent souvent les salades de pommes de terre des fameuses saucisses de Strasbourg (knacks) préalablement plongées 1 minute dans de l'eau bouillante.

Salade de pommes de terre aux fines herbes
Hardäpfelsalat met griens

• 700 g de pommes de terre • 150 g de petits oignons • 150 de lard de poitrine fumée • 50 g de beurre • trois ou quatre branches de persil • ciboulette • sel • poivre

---

Épluchez les pommes de terre. Lavez-les et coupez-les en morceaux. Plongez-les dans une casserole d'eau bouillante. Dès que l'ébullition reprend, sortez les pommes de terre et égouttez-les. Passez-les sous l'eau froide et épongez-les.

Faites fondre le beurre dans une poêle. Versez les petits oignons pelés ainsi que les pommes de terre. Laissez cuire environ 20 minutes en remuant de temps en temps délicatement. Ajoutez le lard coupé en petits dés. Mélangez délicatement. Couvrez et laissez mijoter 15 minutes environ.

Mettez dans le plat de service après avoir salé très légèrement et poivré. Parsemez de persil et de ciboulette finement hachés.

Salade de pommes de terre au raifort
Hardäpfelsalat met meerradi

• 600 *g de pommes de terre* • 4 *knacks* • 3 Francfort • 1 *jaune d'œuf*
• 3 *cuillerées à soupe de raifort* • 20 *cl d'huile* • 1 *oignon*
• *quelques cornichons* • *persil* • *vinaigre* • *sel* • *poivre*

Dans un grand bol, mettez le jaune d'œuf, une bonne pincée de sel et une autre de poivre. Mélangez énergiquement au fouet puis incorporez peu à peu l'huile en mince filet sans cesser de fouetter. Ajoutez 1 cuillerée à café de vinaigre et le raifort. Mélangez bien. Réservez au réfrigérateur.

Pelez les pommes de terre, coupez-les en cubes et mettez-les à cuire une vingtaine de minutes dans une grande casserole d'eau salée.

Piquez les saucisses et plongez-les 3 minutes dans l'eau bouillante de la casserole. Égouttez-les et coupez-les en lanières dans le sens de la longueur.

Dans un saladier, mélangez délicatement les pommes de terre, les lanières de saucisses, des cornichons coupés en rondelles, l'oignon émincé et parsemez de persil ciselé. Servez accompagné d'un bol avec la sauce au raifort.

Salade de pommes de terre (variante)

• 400 *g de pommes de terre* • 15 *cl de vin blanc* • 1 *gros oignon* • 10 *cl de crème fraîche*
• 5 *cl de bouillon* (1/4 *de cube de volaille délayé dans de l'eau chaude*)
• 1 *cuillerée à café de moutarde* • 2 *cuillerées à soupe de vinaigre*
• *ciboulette* : *persil* • *sel* • *poivre*

Mettez à cuire les pommes de terre avec leur peau.

Épluchez-les et coupez-les en rondelles fines.

Dans un saladier, mélangez la moutarde, 1 cuillerée de vinaigre, la crème. Salez, poivrez. Ajoutez les pommes de terre chaudes. Réservez.

Dans une petite casserole, versez le reste de vinaigre, le vin et le bouillon. Portez à petits frémissements pendant 3 minutes. Versez sur les pommes de terre, mélangez délicatement.

Parsemez de persil haché. Servez aussitôt.

Salade de pommes de terre (variante)

• 600 g de pommes de terre • 150 g de lard maigre
• 10 cl de vin blanc sec • 10 cl de crème fraîche
• 1 oignon • 1 cuillerée à café de moutarde
• persil • ciboulette • sel • poivre

Mettez les pommes de terre à cuire avec leur peau dans un grand faitout rempli d'eau salée. Épluchez-les et coupez-les en rondelles. Versez dans un plat de service et réservez au chaud.

Dans une casserole, faites chauffer le vin. Arrosez les pommes de terre.

Coupez le lard en dés. Faites-les rissoler dans une poêle sans ajouter de matière grasse. Mélangez avec les pommes de terre.

Dans un bol, mélangez la moutarde, la crème, l'oignon finement émincé. Salez, poivrez et battez 1 minute. Nappez les pommes de terre et les lardons avec cette sauce.

Saupoudrez de persil et de ciboulette finement ciselés. Servez tiède.

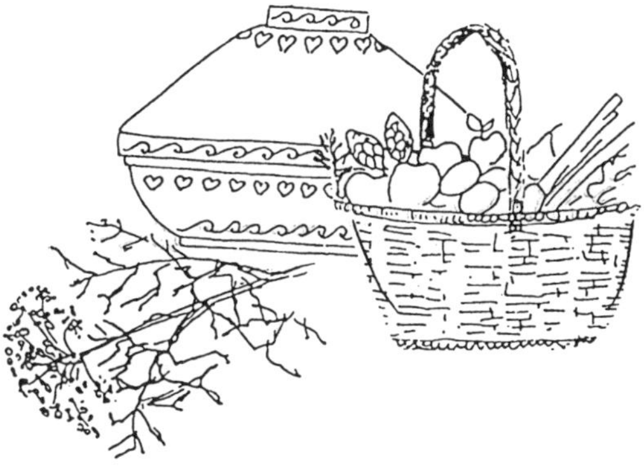

Salade de betteraves rouges
Rotrahnesalat

• 3 betteraves moyennes cuites au four
• 1 bouquet de persil • 1 petit oignon
• 2 gousses d'ail • 2 échalotes
• 7 cuillerées à soupe d'huile
• 2 cuillerées à soupe de vinaigre
• 1 cuillerée à café de moutarde • sel • poivre

Pelez les betteraves. Coupez-les en rondelles fines ou en petits dés dans un saladier.

Hachez finement le persil et l'ail. Coupez l'oignon en très fines rondelles.

Mettez le persil et l'ail dans un bol avec l'huile, le vinaigre, la moutarde, du sel et du poivre. Mélangez soigneusement.

Versez cette préparation sur les betteraves. Laissez macérer un moment avant de servir.

Décorez en posant les rondelles d'oignon par-dessus.

Voilà une salade idéale pour petits et grands, pleine de couleur. Vous pouvez lui apporter quelques variantes qui en feront, à la belle saison, une entrée appréciée de tous : ajoutez par exemple du thon émietté, des câpres, ou encore quelques olives. Quelle que soit la façon dont vous préparez cette salade, n'hésitez pas à bien relever la sauce, la betterave ayant une saveur douceâtre.

Fromage blanc à l'alsacienne
Angemachter Bibeleskas

• *2 kg de pommes de terre*
• *1 kg de fromage blanc moulé à la louche*
• *50 g de beurre* • *20 cl de crème fraîche*
• *4 gousses d'ail* • *4 échalotes* • *ciboulette* • *sel* • *poivre*

Lavez les pommes de terre. Mettez-les à cuire 20 minutes sans les éplucher dans un faitout d'eau salée.

Égouttez. Épluchez-les et coupez-les en rondelles.

Mettez ces rondelles à blondir dans une poêle avec le beurre.

Pelez les échalotes et l'ail. Hachez-les. Ciselez la ciboulette.

Vous pouvez présenter les pommes de terre chaudes dans un plat de service avec, à part, le fromage blanc et, dans une coupelle, les échalotes et l'ail hachés et la ciboulette ciselée. Chacun des convives se servira à sa guise, et assaisonnera à son goût.

Il est possible également de préparer le plat avant de servir. Dans ce cas, mélangez le hachis échalotes-ail et la ciboulette au fromage blanc. Salez, poivrez, et mélangez. Parsemez au-dessus avec un reste de ciboulette ciselée.

Voilà une entrée facile à réaliser, fraîche, agréable en toute saison. Le fait de laisser les convives préparer et doser eux-mêmes leur assiette en fait un plat particulièrement convivial.

Bouchées à la reine
Suppepaschtetle

* *6 bouchées moyennes de pâte feuilletée (achetées toutes prêtes)*
* *120 g de champignons de Paris* • *150 g de blancs de poulet rôti*
* *80 g de fromage râpé* • *40 g de beurre*
* *1/2 citron* • *1 pincée de muscade* • *sel* • *poivre*
* *un bol de sauce béchamel (voir la préparation au chapitre « Sauces »).*

Lavez rapidement les champignons, et ôtez la partie terreuse du pied.

Mettez-les dans une poêle avec la moitié du beurre, cinq cuillerées à soupe d'eau, le jus du demi-citron, du sel et du poivre. Laissez environ 7 à 8 minutes sur feu doux.

Retirez alors les champignons à l'aide d'une écumoire. Laissez le jus sur le feu et faites réduire jusqu'à ce qu'il n'en reste que l'équivalent de 4 cuillerées à soupe.

Coupez les champignons en petits morceaux. Coupez la chair du poulet en petits dés. Faites blondir les deux dans la poêle avec le reste de beurre.

Incorporez cet appareil, ainsi que le reste de jus des champignons, à la sauce béchamel préalablement chauffée. Ajoutez ensuite le fromage râpé. Mélangez soigneusement.

Mettez les bouchées quelques minutes dans le four préchauffé à Th 7/8. Sortez-les et remplissez-les avec la préparation. Recouvrez avec les chapeaux des bouchées.

Remettez au four pendant 4 à 5 minutes.

Servez aussitôt.

Vous pouvez enrichir la garniture des bouchées à la reine en y ajoutant 40 à 50 g de miettes de truffes juste avant de les remettre dans le four.

Plus simplement, il est possible d'incorporer à cette garniture des dés de jambon ou des quenelles (de viande ou de poisson) toutes prêtes.

Salade de choucroute
Sürkrüttsalat

• 300 à 400 g de choucroute
• assortiment de charcuteries (knacks, cervelas, etc.)
• 6 à 7 cuillerées à soupe d'huile • 3 cuillerées à soupe de vinaigre
• 1 cuillerée à soupe de moutarde • sel • poivre

Lavez soigneusement la choucroute et pressez-la fortement entre les mains. Mettez-la dans un plat creux et nappez d'huile. Laissez reposer 1 heure environ.

Dans un bol, mélangez le vinaigre, la moutarde, le sel et le poivre. Versez sur la choucroute et mélangez soigneusement.

Servez avec, présenté sur un plat à part, l'assortiment de charcuteries.

Salade de cervelas
Wurstsalat

• 700 g de pommes de terre • 1 gros cervelas
• 10 cl de vin blanc sec • 2 cuillerées à soupe de moutarde forte
• huile • vinaigre • persil • sel • poivre

Faites cuire les pommes de terre 30 minutes dans de l'eau salée.

Ensuite, pelez-les et coupez-les dans un saladier en rondelles d'un demi-centimètre d'épaisseur.

Pendant qu'elles sont encore chaudes (ceci est important), arrosez-les avec le vin blanc.

Ôtez la peau du cervelas. Coupez-le en fines rondelles et ajoutez-les aux pommes de terre.

Hachez finement le persil. Saupoudrez au-dessus de la préparation.

Assaisonnez avec un mélange huile, vinaigre, moutarde, sel, poivre.

Mélangez délicatement.

Servez tiède ou froid.

Harengs en salade
Haringsalat

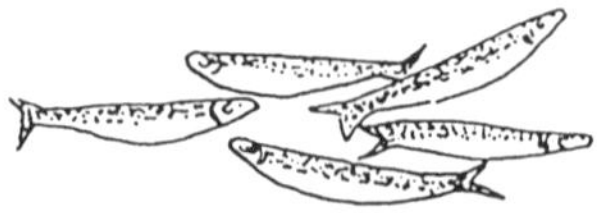

• *4 gros harengs salés* • *6 pommes de terre* • *1 petit poivron rouge* • *huile* • *vinaigre* • *persil* • *ciboulette* • *échalotes* • *poivre*

Lavez les harengs. Mettez-les à dessaler pendant 48 heures dans une grande quantité d'eau. Changez-la à deux ou trois reprises.

Le jour même, levez les filets à l'aide d'un couteau à fine lame tranchante. Ôtez la peau et les arêtes. Coupez en morceaux.

Mettez à cuire les pommes de terre dans de l'eau bouillante pendant 15 minutes. Pelez-les et coupez-les en morceaux.

Dans un plat de service, mettez les morceaux de harengs et de pommes de terre. Ajoutez la laitance délayée dans du vinaigre. Arrosez d'un filet d'huile et de vinaigre. Mélangez délicatement. Parsemez avec l'échalote finement émincée, le poivron coupé en très petits dés, le persil et la ciboulette finement ciselés. Laissez reposer au frais pendant 2 heures.

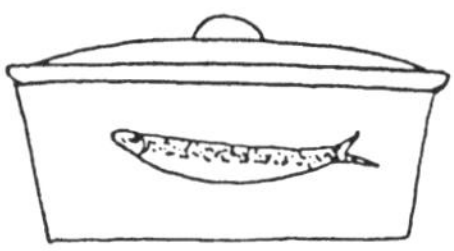

Harengs marinés
Igmachti Haring

• *6 beaux harengs salés* • *2 cuillerées à café de moutarde* • *15 cl de crème fraîche* • *1 cuillerée à café de jus de citron* • *huile* • *poivre* • *1 feuille de laurier* • *2 clous de girofle* • *1 carotte* • *2 oignons* • *2 gousses d'ail*

Lavez les harengs. Mettez-les à tremper 48 heures dans de l'eau froide.

Le jour même, levez les filets, ôtez la peau et les arêtes.

Disposez les filets dans un plat creux avec les oignons et la carotte coupés en rondelles fines, les gousses d'ail coupées en petits morceaux, le laurier, et les clous de girofle. Réservez.

Préparez la sauce en mélangeant au fouet la moutarde, la crème fraîche, le poivre et le jus de citron.

Nappez les filets. Laissez mariner 48 heures au frais.

Salade de museau
Mülsalat

• 1/2 tête de porc • 1 pied de porc
• 1 pied de veau • 500 g d'échine fraîche
• 2 poireaux • 1 oignon • 1 feuille de laurier
• 1 branche de thym • persil • 2 clous de girofle
• 2 belles gousses d'ail • 1 pincée de noix de muscade

Lavez soigneusement la demi-tête de porc et les pieds. Couvrez d'eau et mettez à cuire pendant 2 heures dans un grand faitout avec l'échine, le laurier, le thym et les clous de girofle. Lorsque les viandes sont cuites, égouttez-les et laissez refroidir.

Pendant ce temps, émincez très finement les poireaux, les gousses d'ail et le persil. Ajoutez la muscade. Mettez cette préparation dans l'eau de cuisson et laissez cuire à petits bouillons pendant 5 minutes.

Avec un couteau à fine lame, désossez les viandes, ôtez tous les cartilages. Passez la chair au hachoir et versez dans le faitout avec le hachis de légumes. Laissez cuire à petits bouillons pendant 3 minutes. Retirez le laurier, le thym et les clous de girofle. Rectifiez l'assaisonnement si nécessaire.

Versez avec une louche dans des petites terrines ou des grands ramequins en verre. Laissez refroidir, puis mettez au réfrigérateur pour la prise en gelée.

Vous pouvez servir cette préparation en hors-d'œuvre, simplement avec une vinaigrette, ou bien accompagnée de pommes de terre cuites à l'eau.

Asperges aux trois sauces
Spacherla

• 2 kg d'asperges

Sauce mousseline : *• 3 jaunes d'œufs • 150 g de beurre • 2 cuillerées à soupe de crème fraîche • sel • poivre*

Vinaigrette : *• 6 cuillerées à soupe d'huile • 2 cuillerées à soupe de vinaigre • 1 cuillerée à café de moutarde forte • sel • poivre*

Mayonnaise : *• 2 jaunes d'œufs • une cuillerée à café de moutarde • huile • sel • poivre*

Pelez les asperges au couteau économe. Coupez la base dure. Mettez-les à cuire pendant 25 minutes dans de l'eau bouillante salée. Égouttez et réservez.

Préparation de la sauce mousseline

Dans une casserole, sur feu très doux, mettez les jaunes d'œufs et un demi-verre d'eau. Salez, poivrez. Battez vivement au fouet jusqu'à obtenir un mélange épais et mousseux.

Hors du feu, ajoutez par petits morceaux le beurre sans cesser de battre avec le fouet. Gardez tiède au bain-marie. Au moment de servir, incorporez très délicatement la crème fraîche.

(Pour bien réussir la sauce mousseline, il convient de battre suffisamment les jaunes d'œufs sur feu très doux. La préparation est à point quand elle est devenue mousseuse et adhère aux branches du fouet.)

Préparation de la vinaigrette

Dans un bol, mettez la moutarde et l'huile. Mélangez en tournant avec une fourchette. Ajoutez alors le vinaigre, puis le sel et le poivre sans cesser de tourner jusqu'au moment de mettre sur la table (l'huile et le vinaigre ont tendance à se séparer).

Préparation de la mayonnaise

Dans un grand bol, mettez les jaunes d'œufs et la moutarde. Tournez délicatement avec l'extrémité du fouet jusqu'au mélange complet. Incorporez alors l'huile en la faisant couler en mince filet sans cesser de remuer au fouet. Lorsque vous estimez la quantité de mayonnaise obtenue suffisante, ajoutez le sel et le poivre et tournez encore quelques secondes pour bien mélanger le tout.

(Vous pouvez conserver dans le bas du réfrigérateur le reste de mayonnaise du repas de midi pour le soir, jamais plus longtemps.)

Disposez les asperges sur un plat chaud. Présentez les sauces à part.

Salade de gruyère
Schwitzerkässalat

• 600 g de gruyère • 4 échalotes • 5 cuillerées à soupe d'huile • persil • ciboulette • 1 cuillerée à soupe de vinaigre • 1 cuillerée à soupe de moutarde • sel • poivre

Passez le gruyère dans une moulinette au travers d'une grille à trous moyens.

Mettez dans un saladier. Assaisonnez avec l'huile, le vinaigre, la moutarde, les échalotes finement hachées, le persil et la ciboulette émincés. Salez, poivrez. Mélangez délicatement.

Servez.

Fricassée de cuisses de grenouilles
Frescheschankalafrikassee

• 6 douzaines de cuisses de grenouilles • 180 g de beurre • 150 g de farine • 1 bouteille de vin blanc sec • 50 cl de bière • 40 cl de crème fraîche • 3 œufs • 2 citrons • 4 échalotes • 5 gousses d'ail • persil • sel • poivre

Mettez les cuisses de grenouilles à macérer pendant 2 heures dans la bière. Égouttez.

Versez la farine dans une grande assiette. Roulez les cuisses de grenouilles dans cette farine.

Dans une cocotte, faites fondre le beurre. Ajoutez les échalotes et l'ail pelés et hachés, puis les cuisses de grenouilles.

Laissez pendant dix bonnes minutes en remuant délicatement de temps en temps. Elles ne doivent pas prendre couleur. Salez, poivrez, ajoutez le vin. Laissez mijoter sur feu moyen pendant encore 10 minutes.

Dans un bol, mélangez au fouet la crème fraîche et les jaunes d'œufs. Ajoutez cet appareil à la sauce, dans la cocotte. Quelques minutes avant la fin de la cuisson, ajoutez le jus des citrons.

Disposez les cuisses de grenouilles sur un plat de service tenu au chaud. Arrosez de la sauce, et parsemez de persil finement ciselé.

Escargots de Bourgogne
Burgogner Schnacka

• *4 douzaines d'escargots de Bourgogne*
• *250 g de beurre* • *30 cl de vin blanc sec*
• *1 oignon* • *1 feuille de laurier*
• *2 branches de thym* • *2 gousses d'ail* • *sel* • *poivre*

Pas de problème si vous les achetez en boîte ou sous vide. Il vous suffit alors d'acheter également autant de coquilles vides, de tasser au fond de chacune du beurre d'escargots (*voir recette page* 201), de glisser un escargot et de terminer par du beurre d'escargot.

En revanche, si vous utilisez des escargots que vous avez vous-même été ramasser, il vous faut prendre quelques précautions avant de les préparer.

Mettez-les dans une caisse en bois et laissez-les jeûner pendant 4 ou 5 cinq jours.

Faites-les ensuite dégorger dans une bassine avec du gros sel, un peu de vinaigre et une cuillerée à soupe de farine.

Lavez-les à plusieurs reprises jusqu'à ce qu'ils ne rendent plus aucune mucosité. Plongez-les alors 5 minutes dans de l'eau bouillante. Égouttez-les et sortez-les des coquilles à l'aide d'une aiguille. Supprimez le tortillon noir.

Dans une casserole, versez 30 cl d'eau et 30 cl de vin blanc. Ajoutez un oignon coupé en morceaux, une feuille de laurier, 2 branches de thym, 2 gousses d'ail, du sel et du poivre. Portez à ébullition et laissez mijoter à feu doux pendant 2 heures en écumant de temps en temps.

Les laisser ensuite refroidir dans le jus de cuisson. Égouttez.

Plongez les coquilles vides dans une bassine d'eau et laissez bouillir une dizaine de minutes. Séchez-les.

Mettez au fond de chaque coquille une noisette de beurre d'escargot, introduisez la chair d'un escargot et terminez avec une autre noisette de beurre d'escargot.

Disposez les escargots ainsi remplis ouverture vers le haut dans des plats à alvéoles (si vous ne disposez pas de tels plats, utilisez un plat à four dans lequel vous disposez les escargots ouverture vers le haut et suffisamment serrés pour qu'ils ne se renversent pas). Mettez à four moyen (Th 5/6) en surveillant pour les sortir dès que le beurre commence à mousser.

Sortez du four et servez aussitôt.

Foie gras
Ganselawer

Trop souvent, qui pense foie gras pense aussi Périgord. En fait, dans ce domaine, les Alsaciens n'ont rien à envier aux producteurs du sud-ouest. Reste une autre question : foie gras d'oie ou foie gras de canard ? La réponse est dans le palais et le goût de chacun.

Choisissez des foies pas trop gros. Il faut qu'ils soient fermes au toucher, d'un blanc crème légèrement rosé et sans tache. Veillez à ne pas laisser cuire trop longtemps : le foie deviendrait sec. Surtout, lorsque vous le faites cuire dans la graisse, n'amenez pas à ébullition.

- *2 foies frais d'oie ou de canard de 500 à 600 g chacun*
- *1,5 kg de graisse d'oie* • *1 verre à liqueur de cognac*
- *25 g de quatre-épices* • *sel* • *poivre*

Nettoyez le foie. Pour cela, retirez les vaisseaux sanguins, la peau, le fiel et les petits nerfs qui enveloppent les lobes. Salez et poivrez. Ajoutez les quatre-épices. Couvrez et mettez au réfrigérateur pendant 2 heures.

Dans une terrine à feu, faites doucement chauffer la graisse d'oie sans porter à ébullition. Plongez-y le foie.

Couvrez et mettez au bain-marie à four doux (Th 5/6) pendant 30 minutes (ne laissez pas plus longtemps, car le foie doit rester rosé). Veillez à maintenir à petit feu pour ne pas faire bouillir. Égouttez et laissez tiédir. Mettez-le dans une terrine. Arrosez de cognac. Placez dessus une petite planchette avec un poids pour le tasser légèrement. Laissez jusqu'à refroidissement.

Recouvrez ensuite de graisse de cuisson. Couvrez la terrine et mettez au réfrigérateur.

Ainsi préparé, vous pouvez conserver ce foie gras pendant cinq ou six semaines au réfrigérateur.

Pâté de foie gras
Ganselawerpaschtet

• 400 g de pâte feuilletée toute prête
• 1 foie d'oie ou de canard de 700-800 g
• 300 g de viande de porc • 300 g de viande de veau
• 200 g de lard frais • 2 verres de cognac
• 1 sachet de gelée au madère • 2 échalotes
• 50 g de beurre • 1 jaune d'œuf
• 1/2 cuillerée à café de quatre-épices • sel • poivre

Nettoyez le foie comme pour la préparation précédente.

Découpez-le en morceaux.

Hachez les viandes et le lard.

Faites revenir les échalotes émincées dans un peu de beurre. Ajoutez les viandes hachées, le quatre-épices, le sel, le poivre. Mouillez avec le cognac.

Beurrez une terrine, foncez-la avec une partie de l'abaisse de pâte feuilletée d'un demi-centimètre d'épaisseur en laissant un peu dépasser les côtés. Garnissez d'une couche de farce, puis des morceaux de foie et terminez en recouvrant avec le reste de farce. Posez le reste d'abaisse par-dessus en soudant les bords. Incisez légèrement avec la pointe d'un couteau. Creusez une petite cheminée et glissez un tuyau fait avec du papier aluminium. Dorez avec le jaune d'œuf.

Mettez à four moyen (Th 6/7) pendant 1 heure 30. Après la cuisson, préparez la gelée de madère. Versez-la dans le pâté par le trou de la cheminée. Laissez refroidir et servez.

Pâté de sanglier
Wildsoïpaschtet

Pour 6 à 8 personnes

• 800 *g de sanglier sans os* • 250 *g de foie de porc*
• 100 *g de lard de poitrine fumé* • 250 *g de lard gras*
• 1 *cuillerée à soupe de baies de genièvre* • 2 *clous de girofle*
• 10 *cl de cognac* • 5 *cl de lait*
• 50 *g de mie de pain* • 2 *oignons*
• 2 *gousses d'ail* • 1 *cuillerée à café de thym émietté*
• *bardes de lard* • 6 *cuillerées à soupe de saindoux* • *sel* • *poivre*

Coupez la chair du sanglier en gros dés. Détaillez le foie de porc en morceaux.

Écrasez les baies de genièvre et les clous de girofle.

Mettez l'ensemble dans un saladier. Arrosez avec le cognac. Couvrez et laissez macérer pendant au moins 3 heures dans la partie basse du réfrigérateur.

Émincez finement les oignons et l'ail. Coupez le lard de poitrine et le lard gras en petits morceaux. Mettez le tout dans une cocotte sur feu doux pendant 2 minutes. Ajoutez alors les morceaux de sanglier et de foie. Salez, poivrez. Couvrez et laissez mijoter toujours sur feu doux pendant 15 minutes. Passez ensuite au hachoir à viande.

Écrasez la mie de pain trempée dans le lait et pressée. Ajoutez-la au hachis de viande. Rectifiez l'assaisonnement si besoin, et ajoutez le thym.

Tapissez les parois et le fond d'une terrine avec les bardes de lard. Remplissez avec l'appareil haché. Mettez à four préchauffé à Th 5/6 pendant 1 heure 30.

Si la surface du pâté vous paraît brunir trop rapidement, couvrez en cours de cuisson d'une feuille d'aluminium.

Laissez refroidir. Versez le saindoux fondu sur le pâté. Celui-ci se conserve très bien plusieurs jours dans la partie basse du réfrigérateur.

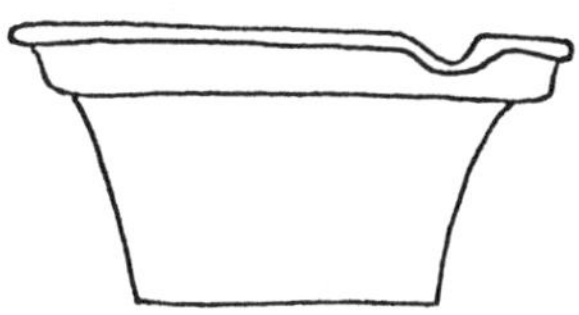

Pâté de foie de porc
Schwinelawerpaschtet

Pour 8 personnes

• 500 *g de foie de porc* • 500 *g de lard gras*
• 1 *verre de vin blanc d'Alsace* • 100 *g de bardes de lard*
• 1 *cuillerée à café de cognac* • 1 *cuillerée à café de sel*
• 2 *clous de girofle* • *poivre* • *quatre-épices*
• 1 *cuillerée à café de thym effeuillé* • *saindoux* • *farine*

La veille, préparez le foie de porc : ôtez la peau et les membranes. Hachez finement avec le lard gras. Salez, poivrez.

Mettez ce hachis dans une terrine. Ajoutez le thym, une pincée de quatre-épices, les clous de girofle écrasés, le cognac et le vin blanc. Mettez au réfrigérateur pendant toute la nuit.

Le lendemain, garnissez une terrine avec les bardes de lard. Remplissez-la avec la préparation hachée. Tassez bien et couvrez.

Mettez la terrine dans un plat creux avec de l'eau. Mettez au four préchauffé à Th 5/6 pendant 2 heures. Environ 15 minutes avant la fin de la cuisson, retirez le couvercle pour faire dorer la surface.

Sortez du four et laissez refroidir. Mettez au réfrigérateur. Attendez deux ou trois jours avant de déguster.

Kougelhopf salé
Gsalsener kougelhopf

Pour 8 *personnes*

• 500 *g de farine* • 150 *g de beurre*
• 350 *g de lard fumé* • 3 *œufs*
• 25 *cl de lait* • 25 *g de levure de boulanger*
• 80 *g d'amandes* • 150 *g de cerneaux de noix* • *sel*

Faites gonfler la levure dans trois cuillerées à soupe de lait tiède. Ajoutez 50 g de farine et mélangez pour obtenir une pâte molle (le levain). Laissez reposer dans un endroit tiède.

Coupez le lard en petits morceaux. Faites-les blanchir dans une poêle avec un peu d'eau.

Mettez le reste de farine dans une terrine. Creusez un puits au centre. Ajoutez le beurre ramolli, le reste de lait, les œufs entiers, le sel. Travaillez soigneusement ce mélange jusqu'à obtenir une pâte lisse.

Ajoutez le levain et travaillez la pâte en la soulevant pendant une quinzaine de minutes. Incorporez les lardons et les cerneaux de noix. Mettez tout cet appareil au fond de la terrine. Couvrez d'un linge et laissez lever dans un endroit tiède pendant au moins une heure.

Rompez ensuite la pâte en la levant et en la laissant retomber à plusieurs reprises.

Beurrez le moule à kougelhopf. Garnissez les cannelures d'amandes. Versez la pâte et laissez reposer à nouveau dans un endroit tempéré. La pâte doit arriver à hauteur des bords du moule.

Mettez à four préchauffé (Th 6/7) pendant 60 min. Si le gâteau commence à trop se colorer, couvrez-le d'une feuille de papier aluminium ou de papier sulfurisé.

Aussitôt la cuisson terminée, démoulez et laissez refroidir.

Servez.

Poêlée de cèpes à la bière
A *Pfann Steinpilze met bier*

• 2 kg de gros cèpes • 300 g de lard de poitrine fumée
• 100 g d'oignons • 100 g d'échalotes
• 3 cuillerées à soupe d'huile d'olive
• 3 cuillerées à soupe de bière • persil • sel • poivre

Nettoyez les champignons avec une petite brosse. Coupez la partie terreuse du pied.

Coupez la poitrine fumée en fines tranches. Mettez-les dans une poêle à revêtement antiadhésif et faites-les rissoler quelques minutes. Réservez.

Coupez les cèpes en tranches. Salez, poivrez. Faites-les bien dorer à feu soutenu dans une poêle avec l'huile d'olive. Baissez le feu et laissez-les cuire 15 minutes environ.

Réservez au chaud. Mettez dans la poêle les oignons émincés et laissez-les blondir. Ajoutez alors la bière et, sur feu vif, faites réduire deux ou trois minutes. Salez, poivrez.

Disposez les cèpes dans des assiettes de service tenues au chaud, versez dessus le jus de la poêle et ajoutez les tranches de lard. Décorez avec le persil haché.

Servez aussitôt.

Pâtes, nouilles, accompagnements

Pâte à nouilles fraîches
Gnocchis
Gnocchi de pommes de terre
Pâtes alsaciennes
Quenelles de semoule
Pommes de terre crues rissolées
Galettes de pommes de terre
Pommes de terre sautées
Chou rouge aux pommes
Céleris en branches braisés
Céleri-rave au beurre
Purée de navets
Purée de céleri
Chanterelles à la crème

Pâte à nouilles fraîches

• *400 g de farine* • *5 œufs*
• *farine* • *beurre* • *sel* • *poivre*

Dans un saladier, mélangez la farine et le sel. Incorporez ensuite les œufs entiers.

Travaillez la pâte jusqu'à obtenir un mélange ferme. Formez une boule, couvrez avec un torchon et laissez reposer une douzaine d'heures dans la partie basse du réfrigérateur.

A ce moment-là, étendez la pâte au rouleau en une fine abaisse. Découpez des lanières d'un demi-centimètre de large environ.

Déposez-les sur une feuille d'aluminium légèrement farinée. Laissez sécher pendant une paire d'heures.

Jetez alors les nouilles dans un faitout d'eau bouillante salée. Mélangez et laissez cuire 10 minutes.

Égouttez. Vérifiez l'assaisonnement.

Ajoutez quelques noix de beurre et remuez.

Vous pouvez servir ces pâtes en plat unique, soit avec du gruyère râpé, soit avec de la crème fraîche. Une salade verte en supplément, et vous aurez là un excellent repas diététique pour une période de régime...

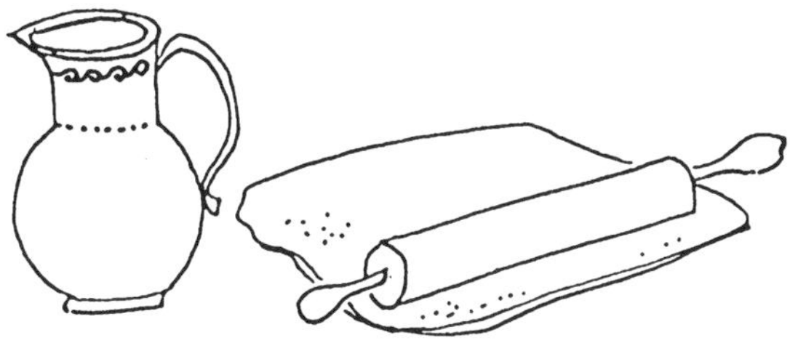

Gnocchis
Knepfle

• *500 g de farine* • *4 œufs*
• *1 cuillerée à café de sel* • *2 verres de lait*
• *1 verre d'eau* • *un peu de beurre*

Dans une terrine, battez au fouet électrique les œufs, le sel, le lait et l'eau. Ajoutez la farine jusqu'à obtenir une pâte souple ne collant plus aux branches du fouet. Laissez reposer 30 minutes.

Dans un grand faitout, mettez à bouillir de l'eau légèrement salée. Dès les premiers frémissements, posez au-dessus une passoire à trous et versez un peu de pâte à travers. Laissez pocher ces gros vermicelles environ 15 minutes dans l'eau toujours frémissante. Quand ils remontent en surface, retirez-les à l'aide d'une écumoire. Égouttez et réservez au chaud. Continuez de la même façon jusqu'à ce qu'il n'y ait plus de pâte.

Servez chaud avec du beurre, ou avec de la sauce tomate, ou encore avec de la crème fraîche.

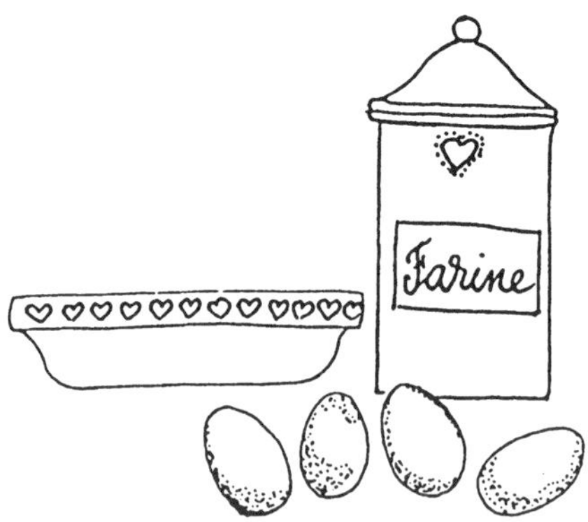

Gnocchi de pommes de terre
Grumbeereknepfle

• 800 *g de pommes de terre* • 3 *œufs* • 1 *oignon*
• 4 *cuillerées à soupe de farine* • 40 *g de beurre*
• 100 *g de lardons* • 10 *cl de crème fraîche* • *persil*
• 1 *pincée de muscade* • *sel* • *poivre*

Pelez les pommes de terre. Mettez-les à cuire 20 minutes dans de l'eau salée.

Dans un saladier, écrasez-les à la fourchette. Ajoutez sel, poivre, muscade et persil haché. Incorporez ensuite la farine en mélangeant bien pour obtenir un appareil assez épais (si besoin, ajoutez une cuillerée supplémentaire de farine).

Dans une grande casserole, portez de l'eau à ébullition. À l'aide d'une cuiller, formez des boulettes et plongez-les dans l'eau frémissante pendant 5 minutes environ. Égouttez sur une passoire et réservez sur un plat chaud. Continuez ainsi jusqu'à épuisement de l'appareil.

En même temps que la dernière tournée de cuisson, faites dorer l'oignon épluché et émincé finement ainsi que les lardons dans une poêle avec le beurre. Ajoutez la crème en toute fin de cuisson.

Arrosez les gnocchi avec cette sauce et servez aussitôt.

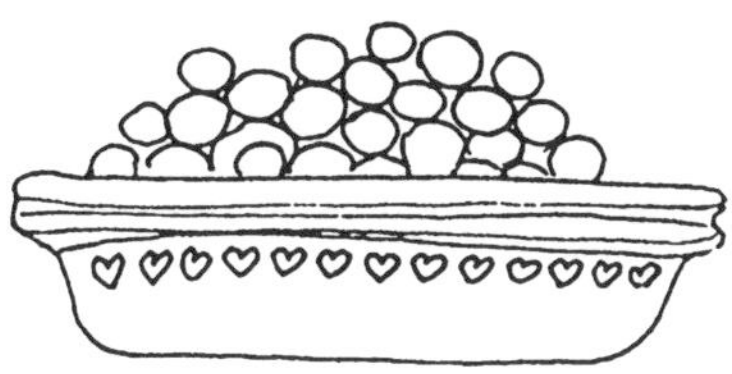

Pâtes alsaciennes
Spätzle

• 500 *g de farine* • 4 *œufs* + 2 *jaunes*
• 100 *g de beurre* • 1 *pincée de muscade en poudre* • *sel*

Versez la farine dans une terrine. Ajoutez les 4 œufs entiers, les jaunes, la pincée de muscade, 1/2 cuillerée à café de sel et un peu d'eau.

Travaillez cette pâte vivement en la soulevant et la laissant retomber pendant une dizaine de minutes (il faut qu'elle soit assez épaisse et se détache facilement des doigts).

Dans une grande casserole, faites bouillir une bonne quantité d'eau salée.

Étalez la pâte sur un plan de travail. À l'aide d'une roulette, découpez des lamelles et plongez-les dans la casserole. Dès qu'elles remontent à la surface, retirez-les à l'aide d'une écumoire et mettez-les dans un grand récipient d'eau froide.

Égouttez. Mettez à dorer dans une poêle à feu vif avec du beurre ou de la crème fraîche.

Aujourd'hui, c'est vrai, on confectionne rarement soi-même les spätzle ou les nüdle (nouilles alsaciennes). Il faut dire qu'on les trouve dans tous les rayons pâtes des petits commerces comme des grandes surfaces.

Les spätzle une fois cuites à l'eau, mettez-les à rissoler dans une poêle avec du beurre et servez chaud.

Quant aux nüdle, une fois elles aussi cuites à l'eau, elles seront d'autant plus savoureuses si vous les parsemez de petits croûtons frits ou de chapelure juste avant de servir.

Quenelles de semoule
Griesknepla

• *200 g de semoule* • *60 g de beurre* • *1 litre de lait* • *2 œufs*
• *1 pincée de muscade en poudre* • *1 cuillerée à café de sel*

Mettez le lait à bouillir dans une casserole, avec le sel, sur feu moyen. Versez alors la semoule en pluie. Remuez avec une cuillère en bois et laissez épaissir.

Retirez du feu. Ajoutez les jaunes d'œufs et la muscade. Mélangez soigneusement.

À part, faites fondre le beurre. Trempez-y une cuillère à soupe et prélevez au fur et à mesure à l'aide de celle-ci des portions de semoule épaissie. Trempez chaque fois la cuillère dans le beurre chaud.

Disposez ces portions de semoule sur un plat de service bien chaud.

Au moment de servir, arrosez-les avec le reste de beurre fondu.

Ces quenelles de semoule peuvent être accompagnées de compotes, ou encore d'une sauce tomate, et d'une salade verte ou d'une salade d'endives.

Pommes de terre crues rissolées
Roïgebrageldi

• *3 pommes de terre par personne* • *3 oignons* • *huile* • *persil* • *sel* • *poivre*

Épluchez les pommes de terre. Coupez-les en fines rondelles. Réservez.

Dans une cocotte avec l'huile, sur feu moyen, faites revenir les oignons finement émincés jusqu'à ce qu'ils deviennent transparents. Ajoutez alors les pommes de terre. Mettez à feu vif et faites rissoler en remuant de temps en temps pour que la préparation n'attache pas.

Disposez les pommes de terre dans un plat de service tenu au chaud. Salez, poivrez, et parsemez de persil ciselé.

Ce plat se sert en accompagnement du kassler ou de la palette fumée. C'est la base d'un repas marcaire servi dans les fermes auberges.

Galettes de pommes de terre
Grumbeerekiechle

• *1 kg de pommes de terre* • *3 œufs* • *1 gros oignon* • *10 cl d'huile*
• *1 pincée de muscade* • *persil* • *ciboulette* • *sel* • *poivre*

Épluchez les pommes de terre. Lavez-les et râpez-les sur une grille moyenne.

Laissez égoutter dans une passoire en pressant.

Versez dans une terrine. Ajoutez les œufs entiers, la muscade, l'oignon, le persil et la ciboulette hachés. Salez, poivrez.

Faites chauffer l'huile dans une grande poêle. À l'aide d'une cuiller, disposez dans la poêle des petits tas de l'appareil en les étalant pour former des galettes d'un demi-centimètre d'épaisseur.

Faites frire des deux côtés et servez bien croustillant.

Vous pouvez servir ces galettes avec une salade verte, ou en accompagnement d'une volaille. Veillez à ne pas préparer l'appareil trop en avance, car il noircirait au contact de l'air.

Pommes de terre sautées
Gebrageldi

• *600 g de pommes de terre* • *2 cuillerées à soupe d'huile*
• *1 oignon* • *40 g de beurre* • *4 gousses d'ail* • *persil* • *sel* • *poivre*

Mettez à cuire les pommes de terre après les avoir lavées dans un grand faitout rempli d'eau bouillante salée.

Pelez-les et les coupez-les en morceaux.

Passez-les à la poêle dans de l'huile chaude, sur feu vif. Salez, poivrez. Ajoutez alors l'oignon émincé, les gousses d'ail pelées et coupées en petits morceaux, le persil haché et le beurre. Laissez revenir pendant 4 minutes à feu vif.

Servez chaud.

Ces pommes de terre accompagnent une assiette de charcuteries. Terminez ce repas « de campagne » avec un munster.

Chou rouge aux pommes
Rotkrüt met Äpfel

• 1 chou rouge • 5 pommes reinettes
• 100 g de graisse d'oie • 1 gros oignon
• 20 cl de Pinot noir • 1 clou de girofle
• 1 feuille de laurier • sel • poivre

Couper le chou en autre. Enlevez le trognon et les côtes les plus épaisses.

Coupez le chou en fines lanières.

Épluchez l'oignon. Émincez-le finement et faites-le revenir dans une cocotte avec la graisse d'oie. Lorsqu'il commence à blondir, ajoutez les lanières de chou, le laurier, le clou de girofle. Mouiller avec le vin rouge. Couvrez et laissez cuire pendant 1 heure à 1 heure 30 à feu doux.

Environ 20 minutes avant la fin de la cuisson du chou, ajoutez les pommes épluchées et coupées en quartiers. Couvrez. Menez la cuisson à son terme.

Le jus doit avoir alors bien réduit. Si ce n'est pas le cas, après avoir ajouté les pommes, laissez finir la cuisson à découvert.

Avant de servir, retirez la feuille de laurier et le clou de girofle. Mélangez le chou et les pommes. Rectifiez l'assaisonnement si besoin. Présentez sur un plat de service tenu au chaud.

En lieu et place des pommes, vous pouvez si vous le préférez utiliser des châtaignes en conserve. Dans ce cas, mettez-les dans la cocotte avec le chou environ 15 minutes avant la fin de la cuisson.

Vous servirez cette préparation en accompagnement d'un rôti de porc ou d'une volaille rôtie.

Céleris en branches braisés
Stanga Zeleri

• 3 beaux pieds de céleris en branches
• 50 g de beurre • 2 carottes
• 1 gros oignon • 1 cuillerée à soupe de farine
• 2 tablettes de bouillon de bœuf • sel • poivre

Épluchez la carotte et l'oignon. Coupez-les en rondelles fines.

Mettez-les à revenir dans une cocotte avec le beurre. Ajoutez alors la farine en remuant soigneusement. Versez 1 litre d'eau chaude et ajoutez les tablettes de bouillon.

Remuez doucement tout en amenant à ébullition. Laissez ensuite cuire pendant 1 heure environ.

Pendant ce temps, nettoyez les pieds de céleris : ôtez la partie dure de l'extrémité, à la base, puis retirez les fils. Lavez-les, égouttez-les. Fendez les plus grosses branches en deux, puis coupez en morceaux d'une dizaine de centimètres de long.

Mettez à cuire une dizaine de minutes dans de l'eau bouillante salée. Égouttez sur une passoire.

Quand la sauce de la cocotte a réduit des deux tiers, ajoutez les céleris. Salez, poivrez, couvrez et laissez mijoter 1 heure environ.

Ainsi préparés, les céleris en branches peuvent accompagner un plat de viande ou une volaille. Ils ne dépareront pas non plus un poisson grillé au four.

Si vous êtes pressée, vous pouvez remplacer les céleris en branches frais par des branches de céleri en boîte. Dans ce cas, mettez-les à mijoter une vingtaine de minutes dans un reste de sauce, ou avec une tablette de bouillon avec 1/4 de litre d'eau salée et poivrée. Ou, encore, plus simplement, dans 100 g de beurre, avec sel et poivre.

Pour le céleri en branches, la saison va de juillet à janvier-février. Il existe de multiples façons de préparer ce légume à la saveur très particulière. Sachez que vous pouvez également utiliser les parties les plus larges du céleri en branches en guise de... canapés. À l'apéritif, après avoir retiré les filaments des branches, coupez celles-ci en morceaux de 5 cm environ. Tartinez-les de fromage de Roquefort. Mettez pendant une demi-heure environ au réfrigérateur avant de présenter.

Céleri-rave au beurre
Knollezeleri im Butter

• 1 céleri-rave de 800 g environ • 60 g de beurre
• 1 pincée de noix de muscade en poudre • sel • poivre

Épluchez le céleri. Coupez-le en lamelles d'un demi-centimètre d'épaisseur.

Mettez dans une cocotte avec 0,5 litre d'eau salée. Couvrez et laissez cuire pendant 20 minutes.

Retirez les morceaux à l'aide d'une écumoire, et égouttez-les.

Faites fondre le beurre dans une poêle. Ajoutez les morceaux de céleri. Salez, poivrez, saupoudrez avec la pincée de muscade. Sur feu vif, faites bien dorer en remuant.

Servez chaud.

Le céleri-rave au beurre peut servir d'accompagnement pour des côtelettes de porc grillées, ou pour un rôti de porc. Également pour des truites frites.

La meilleure saison pour acheter le céleri-rave se situe de septembre à mars-avril.

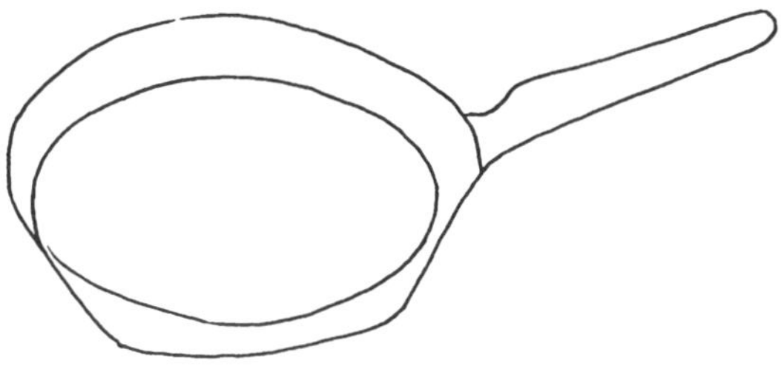

Purée de navets
Ruewepüree

• *1,5 kg de navets nouveaux* • *60 g de beurre*
• *25 cl de crème fraîche* • *2 jaunes d'œufs*
• *persil* • *sel* • *poivre*

Épluchez les navets. Coupez-les morceaux assez gros.

Mettez-les à cuire pendant 30 minutes dans une casserole d'eau bouillante salée. Égouttez-les.

Passez-les au moulin à légumes au-dessus d'une casserole.

Dans un bol, mélangez au fouet les jaunes d'œufs et la crème fraîche.

Mettez la purée de navets sur feu doux en remuant quelques minutes à l'aide d'une cuillère en bois.

Incorporez alors le mélange du bol et laissez cuire une dizaine de minutes sur feu très doux en remuant de temps en temps. Veillez à ne pas laisser la préparation bouillir.

Rectifiez l'assaisonnement. Ajoutez le beurre.

Servez chaud en parsemant de persil haché.

Si la purée de navets obtenue ne vous paraît pas assez consistante, vous pouvez rajouter deux ou trois cuillerées à soupe de fécule de pomme de terre ou de Maïzena délayée dans une ou deux cuillerées d'eau froide. Incorporez ce mélange à la purée de navets, mélangez soigneusement.

Purée de céleri
Zeleripüree

• 1 *gros céleri-rave de 800 g environ* • 70 *g de beurre*
• 1 *pincée de muscade en poudre*
• 25 *cl de crème fraîche* • *sel* • *poivre*

Épluchez le céleri. Coupez-le en petits morceaux et mettez-les à cuire dans de l'eau bouillante salée pendant 30 minutes.

Égouttez et passez au moulin à légumes, grille à petits trous.

Ajoutez alors le beurre et la crème fraîche en travaillant rapidement avec une cuillère en bois. Salez, poivrez, ajoutez la muscade.

Servez aussitôt.

Vous présenterez cette préparation en accompagnement d'une volaille rôtie, ou de morceaux de lapin cuits en papillotes.

Si vous voulez donner un aspect plus recherché à votre présentation, garnissez de purée de céleri des fonds d'artichauts (achetés en conserve) que vous aurez préalablement laissés 3 ou 4 minutes dans de l'eau bouillante et égouttés. Vous entourerez la volaille, ou les morceaux de lapin, avec ces fonds garnis.

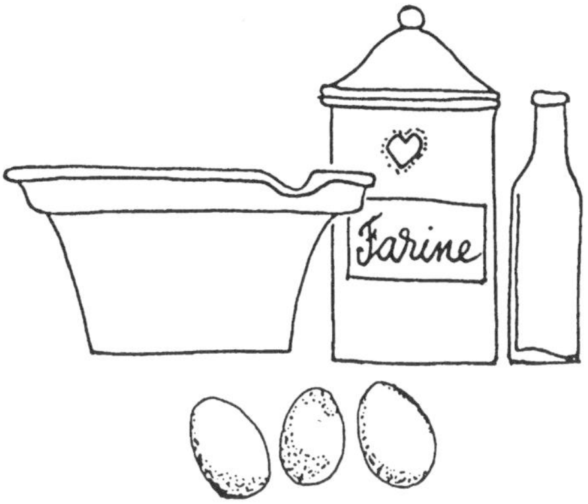

Chanterelles à la crème
Schwamla im Raam

• 2 kg de chanterelles • 3 cuillerées à soupe de vinaigre
• 3 cuillerées à soupe d'huile d'olive
• 70 g de beurre • 25 cl de crème fraîche
• 3 ou 4 branches de persil • sel • poivre

Choisissez des chanterelles bien fermes, d'une belle couleur jaune, sans tâches brunâtres.

Coupez la partie sableuse de l'extrémité du pied. Lavez-les soigneusement dans de l'eau vinaigrée (cette opération doit se faire rapidement, de manière que les champignons ne s'imbibent pas d'eau).

Dans une poêle, faites chauffer l'huile sur feu vif. Versez-y les chanterelles. Laissez environ 5 minutes tout en remuant délicatement sans arrêt (les champignons rendent ainsi leur eau). Égouttez.

Mettez maintenant dans la poêle le beurre, sur feu moyen cette fois. Ajoutez les champignons. Salez, poivrez. Couvrez et laissez cuire 20 minutes.

Environ 2 minutes avant la fin de la cuisson, mettez sur feu vif et versez la crème fraîche sur les chanterelles tout en remuant avec une cuillère en bois.

Parsemez de persil haché finement et servez aussitôt.

Les chanterelles sont fréquentes dans nos bois. Les plus connues sont les girolles. Leur chair est d'une couleur qui va du jaune pâle au jaune très soutenu, et leur forme – chapeau charnu à bords enroulés en dessous – les rend facilement reconnaissables.

Préparés comme dans la recette ci-dessus, ces champignons constituent un délicieux plat en eux-mêmes. Ils peuvent également accompagner viandes, gibiers, volailles…

Poissons

Matelote au Riesling
Matelote d'anguilles
Anguilles en gelée
Truites au vin blanc
Truites saumonées sauce hollandaise
Truites aux amandes
Pâté de truites
Sandre au four
Sandre aux pommes
Brochet à la choucroute
Brochet à la crème
Quenelles de brochet
Fricassée d'écrevisses aux quenelles de brochet
Choucroute aux trois poissons
Choucroute de poissons
Carpe à la bière
Carpe frite
Carpe farcie
Baeckeoffe aux poissons d'eau douce et de mer

Matelote au Riesling
Matelot im Riesling

• 2 kg de poissons d'eau douce (brochet, tanche, perche, et bien sûr anguille)
• 125 g de lard de poitrine demi-sel • 150 cl de Riesling
• 250 g de champignons de Paris • 125 g de beurre • 50 g de farine
• 25 cl de crème fraîche • oignon • 2 carottes
• 2 blancs de poireaux • 2 gousses d'ail • 1 bouquet garni
• 1 cuillerée à soupe de gros sel • poivre
• muscade • tranches de pain de mie • persil

Videz les poissons. Écaillez-les, lavez-les et coupez-les en tronçons. Réservez les têtes.

Coupez le lard en dés et faites-le bouillir 2 à 3 minutes. Égouttez.

Préparez le fumet : épluchez les légumes, coupez-les en morceaux. Mettez-les dans une casserole remplie d'eau avec l'ail, le bouquet garni, les têtes de poisson, sel, poivre. Faites bouillir 30 minutes. Laissez refroidir.

Passez au-dessus d'une grande cocotte, ajoutez le vin blanc, puis les morceaux d'anguilles (ce sont les plus longs à cuire), ceux de brochet, de tanche et de sandre. Portez à ébullition. À ce moment, baissez le feu et laissez à petits frémissements environ 15 minutes.

Dans une poêle, faites rissoler les lardons dans 20 g de beurre. Retirez-les à l'aide d'une écumoire, et mettez à la place les champignons entiers préalablement débarrassés de leur pied terreux. Laissez cuire jusqu'à ce qu'ils ne rendent plus de jus.

Retirez alors les morceaux de poisson de la cocotte. Posez-les dans un plat tenu au chaud, ajoutez les lardons et les champignons.

Laissez bouillir le jus de cuisson à découvert (il doit réduire de moitié). Passez au travers d'un tamis dans une casserole.

Mélangez 80 g de beurre et 50 g de farine. Incorporez peu à peu dans le jus de cuisson en mélangeant au fouet. Ajoutez alors la crème fraîche, le poivre moulu et un peu de muscade râpée. Laissez mijoter à feu doux 4 minutes. Coupez les tranches de pain de mie en 4 triangles, faites revenir dans le beurre restant (on peut aussi les passer au grille-pain).

Versez la sauce sur les poissons, parsemez de persil haché et disposez les croûtons autour. Servez chaud, accompagné de nouilles saupoudrées de chapelure ou de spätzle rissolées dans du beurre (voir recettes pages 53 et 56).

Matelote d'anguilles
Matelot

• 1,5 kg d'anguilles • 200 g de poitrine fumée
• 200 g de champignons de Paris • 45 cl de pinot noir
• 10 cl de cognac • 4 cuillerées à soupe de farine
• 6 cuillerées à soupe d'huile • 2 oignons
• 3 gousses d'ail • petits croûtons de pain
• 30 g de beurre • 2 feuilles de laurier
• 1 branche de thym • sel • poivre

Coupez les anguilles en tronçons de 5 à 6 cm.

Coupez la partie terreuse du pied des champignons. Lavez-les rapidement, essuyez-les et coupez-les en lamelles.

Épluchez l'ail et les oignons. Coupez en petits morceaux.

Découpez la poitrine fumée en dés.

Faites chauffer l'huile dans une cocotte. Versez les anguilles, les lardons, les champignons, l'ail et l'oignon. Saupoudrez de farine et remuez avec une spatule en bois.

Versez le cognac dans une petite casserole et faites chauffer 1 minute. Versez dans la cocotte et faites flamber.

Ajoutez alors le vin, le laurier, le thym. Salez, poivrez.

Couvrez et laissez mijoter 50 minutes à feu doux.

Juste avant de servir, rectifiez l'assaisonnement si besoin.

Servez accompagné de petits croûtons frits dans le beurre, avec des nouilles ou des spätzle (voir recettes pages 53 et 56).

Dépouiller et vider les anguilles tient plus de la corvée que de la partie de plaisir. Demandez donc à votre poissonnier de procéder à cette opération.

Anguilles en gelée
Ool in gelee

• *1,5 kg d'anguilles* • *1 bouteille de vin blanc sec* • *10 grosses moules* • *10 prairies* • *6 feuilles de gélatine* • *1 citron* • *1 carotte* • *poivre vert en grains* • *1 feuille de laurier* • *thym* • *persil* • *ciboulette* • *sel* • *poivre*

Demandez à votre poissonnier de dépouiller les anguilles et de les débarrasser de leur arête centrale.

Dans une cocotte, mettez le vin blanc, le citron et la carotte coupés en rondelles, le thym, la feuille de laurier, les grains de poivre et le sel. Portez à ébullition et laissez cuire 10 minutes. Ajoutez les anguilles coupées en tronçons de 5 à 6 cm. Faites pocher sur feu doux pendant 20 minutes.

Mettez les feuilles de gélatine à tremper dans un grand bol d'eau froide. Essorez-les.

Sortez les morceaux d'anguilles de la cocotte, égouttez-les. Laissez tiédir et mettez dans la partie haute du réfrigérateur.

Dans une grande casserole avec quelques cuillerées à soupe du liquide de cuisson des anguilles, versez les moules et les praires. Laissez-les 3 minutes, le temps de s'ouvrir. Égouttez.

Dans le vin de cuisson des anguilles, ajoutez les feuilles de gélatine. Remuez très soigneusement. Passez au travers d'un chinois.

Versez de cette gelée dans le fond d'un plat de service peu profond. Disposez les rondelles de citron et de carottes. Mettez au réfrigérateur 20 minutes environ pour laisser prendre.

Pendant ce temps, sortez les moules et les praires de leurs coquilles. Conservez une des moitiés de ces dernières.

Sortez le plat du réfrigérateur. Disposez les tronçons d'anguilles sur la gelée et les rondelles de citron et de carottes. Intercalez une demi-coquille de moule et une demi-coquille de praire dans lesquelles vous aurez mis la chair du coquillage. Nappez l'ensemble avec le reste de gelée. Remettez au réfrigérateur pendant 40 minutes.

Juste avant de servir, parsemez de persil et de ciboulette ciselés.

Vous pouvez accompagner ce plat d'une salade de pommes de terre (voir recette page 34).

Truites au vin blanc
Forelle im Wisswin

• *6 truites* • *60 g de beurre*
• *1 sachet de court-bouillon instantané*
• *50 cl de vin blanc sec* • *1 cuillerée à soupe de farine*
• *2 carottes* • *1 oignon*
• *2 feuilles de laurier* • *1 branche de thym*
• *1 pincée de safran* • *sel* • *poivre*

Pelez l'oignon. Émincez.

Pelez la carotte et coupez-la en lanières fines.

Dans un faitout, faites revenir la carotte et l'oignon dans un peu de beurre. Ajoutez le vin, le safran, le sachet de court-bouillon, salez, poivrez.

Portez à ébullition sur feu doux. Plongez alors les truites et laissez pocher 10 minutes. Sortez-les avec une large écumoire, ainsi que les oignons et les carottes. Réservez sur un plat chaud et couvrez d'une feuille de papier aluminium.

Filtrez le liquide à travers un chinois. Reversez dans le faitout, faites réduire sur feu vif pendant 15 minutes. Ajoutez le reste de beurre et la farine délayée dans un peu de bouillon. Laissez épaissir sans cesser de remuer. Lorsque le mélange devient onctueux, retirez du feu. Si besoin, rectifiez l'assaisonnement.

Disposez les truites, les oignons et les carottes dans chaque assiette de service. Nappez avec la sauce.

Servez aussitôt.

Ces truites peuvent être accompagnées soit de petites pommes de terre cuites à la vapeur, soit de riz légèrement safrané.

Truites saumonées sauce hollandaise
Lachsorella in sos

• 6 truites saumonées de 200 g chacune
• 0,5 litre de vin blanc sec • 0,5 litre d'eau
• 1 oignon • 2 clous de girofle
• 1 feuille de laurier • 1 branche de thym • sel • poivre

Dans une grande cocotte, faites bouillir sur feu moyen l'eau, le vin blanc, l'oignon coupé en gros morceaux, les clous de girofle, le laurier et le thym. Salez, poivrez. Retirez du feu au bout de 15 minutes. Réservez.

Pendant ce temps, videz les truites. Lavez-les sous un filet d'eau. Plongez-les dans le court-bouillon tiédi. Couvrez et mettez sur feu moyen jusqu'à légers frémissements. Laissez cuire 10 minutes.

Pendant ce temps, vous préparerez la sauce hollandaise selon la recette indiquée page 201.

En fin de cuisson, retirez les poissons du court-bouillon. Égouttez-les, et présentez-les sur un plat de service tenu au chaud.

Vous présenterez la sauce hollandaise à part.

Entourez les truites de petites pommes de terre pelées et cuites à l'eau. Parsemez de petits bouquets de persil.

Truites aux amandes
Forella met Mandla

- *6 truites de 200 g chacune*
- *70 g d'amandes effilées* • *70 g de beurre*
- *50 g de farine* • *persil* • *sel* • *poivre*

Videz les truites. Passez-les sous un filet d'eau, puis essuyez-les avec du papier absorbant.

Mettez la farine dans une assiette. Roulez chaque truite dans cette farine.

Faites fondre le beurre dans une grande poêle. Quand il commence à blondir, posez délicatement les truites dans la poêle. Salez, poivrez. Laissez cuire 5 minutes à feu moyen.

Retournez-les avec une spatule. Salez, poivrez, ajoutez le persil haché finement et les amandes effilées. Laissez cuire 5 minutes.

Servez aussitôt.

Vous pouvez accompagner ce plat de petites pommes de terre cuites à l'eau, ou de riz cuit avec une cuillerée à café de safran.

Il est préférable de vider les truites par les ouïes plutôt qu'en fendant le ventre des poissons. De cette façon, elles ne se déferont pas en cours de cuisson.

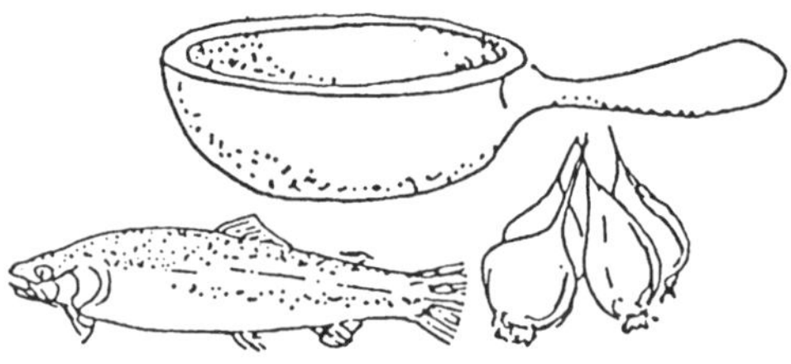

Pâté de truites
Fischpaschtet

• 500 g de pâte feuilletée toute prête
• 400 g de filets de truites de mer
• 600 g de filets de truites de rivière
• 0,5 litre de vin blanc sec • 100 g de beurre
• 25 cl de lait • 3 œufs
• 2 pincées de noix de muscade râpée • 2 échalotes
• 1/2 verre de madère • 125 g de pain rassis
• 2 clous de girofle • 1 feuille de laurier
• persil • sel • poivre

Mettez les filets de truites de mer à mariner dans le vin blanc, le madère, le laurier, les clous de girofle, le sel et le poivre. Laissez au frais pendant une demi-journée.

Sortez les filets, égouttez-les. Versez 25 cl de la marinade à travers un chinois. Réservez.

Faites chauffer 50 g de beurre dans une poêle. Quand il est très chaud, faire saisir rapidement les filets de truites de mer de chaque côté. Sortez-les. Réservez le fond de cuisson.

Écrasez finement les filets de truites de rivière. Faites revenir dans le fond de cuisson réservé avec les échalotes finement hachées, la mie de pain émiettée et 1 œuf. Remuez quelques minutes sur feu doux. Laissez tiédir puis incorporez le reste de beurre, les œufs restants, le sel, le poivre et la noix de muscade râpée.

Abaissez la pâte en une abaisse de 2 à 3 mm d'épaisseur. Réservez-en un tiers. Foncez un moule beurré et légèrement fariné en laissant dépasser les bords. Étalez dedans une couche de farce puis une couche de filets de truites et ainsi de suite en terminant par une couche de filets.

Posez le reste de l'abaisse sur le dessus en formant couvercle. Souder les bords en les humectant avec un peu d'eau. Creusez une petite cheminée au centre du pâté et glissez un tuyau fait en roulant un morceau de papier d'aluminium.

Mettez au four préchauffé à Th 6/7 pendant 1 heure 30.

Sortez du four. Attendez 5 minutes avant de démouler.

Servez avec une salade verte ou avec des pommes de terre.

Sandre au four
Sander im bachofe

• 1 sandre de 1,5 kg • 120 g de beurre
• 1 grand verre de Riesling • 2 oignons
• 2 tomates • le jus d'un citron
• 40 cl de crème fraîche • persil
• quelques graines de fenouil • sel • poivre

Ébarbez le poisson. Videz-le. Passez-le sous un filet d'eau froide et essuyez-le dans du papier absorbant.

Salez et poivrez l'intérieur et l'extérieur du sandre. Déposez-le dans un plat creux beurré allant au four.

Disposez autour du poisson les oignons émincés, les tomates coupées en morceaux, le persil haché, les graines de fenouil et le reste de beurre en morceaux. Salez, poivrez. Arrosez avec le jus du citron et le vin blanc. Mettez au four Th 5/6 pendant 40 minutes.

Sortez du four, nappez de crème et servez aussitôt, accompagné de nouilles revenues au beurre et garnies de petits croûtons frits.

Sandre aux pommes
Zander met Äpfel

• 1 sandre de 1,5 kg
• 6 pommes à chair ferme
• 200 g de beurre • 1 citron
• persil • farine • sel • poivre

Écaillez le sandre. Videz-le. Lavez-le soigneusement sous un filet d'eau. Épongez-le dans du papier absorbant.

Salez et poivrez l'intérieur. Roulez le poisson dans une assiette avec un peu de farine. Réservez.

Pelez les pommes. Épépinez-les à l'aide d'un ustensile spécial. Coupez-les en grosses tranches.

Dans une grande cocotte, faites chauffer 80 g beurre sur feu moyen. Mettez le sandre à dorer des deux côtés (veillez à ne pas laisser le beurre noircir). Salez, poivrez. Passez alors sur feu doux et laissez cuire 3 minutes sur chaque face.

Pendant ce temps, mettez 60 g de beurre dans une cocotte. Posez sur feu vif et ajoutez les tranches de pommes. Faites cuire pendant 3 minutes en les retournant délicatement à mi-cuisson.

Posez le sandre sur un plat allongé tenu au chaud. Disposez tout autour les pommes. Versez sur le poisson le reste de beurre fondu et le jus du citron. Parsemez de persil haché fin. Servez aussitôt.

Brochet à la choucroute
Sürkrütt met Hecht

• *1 brochet de 1,5 kg environ*
• *700 g de choucroute cuite* • *25 cl de vin blanc sec*
• *50 g de beurre* • *sel* • *poivre*
Sauce :
• *40 g de beurre* • *40 g de farine*
• *25 cl de lait* • *50 g de gruyère râpé* • *sel* • *poivre*

Allumez votre four à Th 5/6.

Écaillez et videz le brochet. Passez-le sous un filet d'eau, puis épongez-le. Salez et poivrez l'intérieur.

Dans un plat à four, étalez une couche de choucroute, sans la tasser. Posez le brochet dessus, puis couvrez le poisson avec le reste de choucroute. Arrosez de vin blanc. Enfournez et laissez cuire 40 minutes.

Pendant ce temps, mélangez le beurre et la farine dans une casserole. Portez sur feu doux en versant le lait froid d'un coup sans cesser de battre au fouet. Laisser cuire à feu doux une dizaine de minutes en remuant de temps en temps. Retirez du feu et ajoutez le gruyère râpé, le sel et le poivre.

Presque en fin de cuisson du poisson, arrosez ce dernier avec cette sauce. Parsemez de noisettes de beurre et laissez encore 15 minutes au four.

Servez aussitôt.

Brochet à la crème
Hecht met Raam

• 1 brochet de 2 kg • 200 g de champignons de Paris • 25 cl de crème fraîche • 120 g de beurre • 3 échalotes • 2 citrons • 1 cuillerée à café de graines de fenouil • persil • sel • poivre

Écaillez et videz le brochet. Lavez-le sous un filet d'eau.

Avec un couteau pointu très affûté, pratiquez quelques entailles sur le dos du poisson. Versez-y le jus des citrons. Mettez au réfrigérateur pendant une trentaine de minutes.

Pendant ce temps, pelez les échalotes. Hachez-les finement avec le persil. Mélangez ce hachis avec la moitié du beurre ramolli. Salez, poivrez.

Enduisez les entailles pratiquées sur le poisson avec cet appareil.

Salez l'intérieur du poisson. Posez-le dans un plat de cuisson. Badigeonnez-le avec 50 g de beurre, la crème fraîche et les graines de fenouil mélangés. Salez, poivrez et mettez au four préchauffé à Th 7/8. Faites cuire pendant 40 minutes en arrosant régulièrement avec le jus de cuisson.

Environ 10 minutes avant la fin, lavez rapidement les champignons. Retirez l'extrémité terreuse du pied. Émincez et mettez à revenir dans le reste du beurre. Assaisonnez. Les ajouter à la sauce 5 minutes avant la fin de la cuisson.

Sortez le poisson du four. Présentez-le sur un plat de service tenu au chaud. Décorez avec des bouquets de persil.

Accompagnez ce brochet de petites pommes de terre cuites à l'eau et rissolées quelques minutes dans une cocotte avec un peu de beurre.

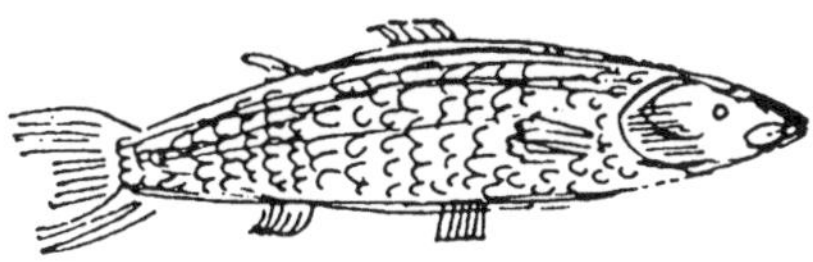

Quenelles de brochet
Hechteknepfle

• 1 brochet de 1,5 kg • 5 œufs
• 200 g de farine • 30 cl de crème fraîche
• 60 g de beurre • 50 cl de court-bouillon de poisson
• 1 pincée de muscade • sel • poivre

Levez les filets du brochet. Ôtez toutes les petites peaux et les arêtes. Écrasez finement la chair. Ajoutez les œufs et la crème fraîche et malaxez soigneusement pour obtenir un mélange homogène. Assaisonnez, puis incorporez 100 g de farine tout en continuant de malaxer.

Formez des quenelles allongées. Roulez-les dans 50 g de farine. Mettez à pocher 10 minutes dans le court-bouillon. Égouttez et dressez dans un plat de service. Réservez au chaud.

Manier sur feu très doux un roux blanc avec le beurre et le reste de farine. Ajoutez le court-bouillon et la crème fraîche. Assaisonnez.

Nappez les quenelles avec cette sauce. Servez très chaud et dégustez avec des petits fleurons.

Fricassée d'écrevisses aux quenelles de brochet
Krabsfrikassé met Hechtknepfle

Lancez-vous dans la préparation de cette délicieuse recette. Vous utiliserez les quenelles de brochet réalisées avec la recette précédente.

• *3 douzaines d'écrevisses vivantes* • *1 court-bouillon de poisson*
• *300 g de trompettes-de-la-mort en conserve* • *80 g de beurre* • *40 cl de vin blanc sec*
• *1 jaune d'œuf* • *15 cl de crème fraîche* • *1 gros oignon*

Jetez les écrevisses six par six dans une grande bassine avec 1/4 litre d'eau bouillante. Les retirer au bout de 2 minutes.

Les sortir avec une passoire. Les décortiquer.

Dans une grande poêle, faites revenir l'oignon et les carapaces des écrevisses dans 40 g de beurre. Versez dessus l'eau de cuisson des écrevisses et le vin. Ajoutez le court-bouillon de poisson. Rectifiez l'assaisonnement si besoin. Cuire à feu doux pendant 20 minutes. Passez au chinois.

Préparez les quenelles de brochet selon la recette précédente. Les mettre à pocher 10 minutes dans le jus filtré. Lorsqu'elles remontent à la surface, ajoutez les champignons passés sous l'eau et égouttés et la chair des écrevisses découpée en morceaux. Laissez mijoter 10 minutes. Liez la sauce avec le reste de beurre et la farine maniés. Retirez du feu après quelques bouillons.

Diluez le jaune d'œuf et la crème fraîche et, tout en remuant, versez dans la fricassée.

Servez brûlant, accompagné de petits fleurons feuilletés.

Choucroute aux trois poissons
Sürkrütt met drei Fisch

• 1,5 *kg de choucroute* • 6 *darnes de saumon frais*
• 300 *g d'anguille fumée* • 500 *g de lotte*
• 6 *pommes de terre* • 40 *cl de vin blanc sec*
• 150 *g de graisse d'oie* • 2 *oignons*
• 2 *gousses d'ail* • *bouquet garni*
• 20 *cl de crème fraîche* • 150 *g de beurre* • *sel* • *poivre*

Retirez l'arête centrale de la lotte, et enlevez la fine peau qui la recouvre. Passez sous un filet d'eau et essorez.

Coupez l'anguille et la lotte en morceaux assez gros.

Dans une cocotte allant au four, faites blondir les oignons émincés dans la graisse d'oie. Ajoutez ensuite la choucroute rincée et pressée, l'ail haché, le vin blanc, le bouquet garni. Salez, poivrez. Mettez à four préalablement chauffé (Th 6/7) pendant 1 heure environ.

À ce moment-là, ajoutez le poisson et continuez la cuisson pendant environ 15 minutes.

Pendant ce temps, faites réduire le vin blanc avec les échalotes hachées finement. Ajoutez tout en battant vigoureusement avec un fouet la crème fraîche, puis le beurre, le sel et le poivre.

En fin de cuisson, égouttez la choucroute, dressez-la sur un plat que vous avez tenu au chaud. Disposez les parts de poissons au-dessus. Nappez avec la sauce. Servez très chaud.

Choucroute de poissons (variante)

Pour 8 personnes

• 2 kg de choucroute crue • 800 g de lotte
• 600 g de saumon • 600 g de haddock
• 8 quenelles de poisson (saumon ou brochet)
• 1 litre de vin blanc • 6 petites pommes de terre
• 150 g de beurre • 5 échalotes
• 20 baies de genièvre • 3 gousses d'ail
• 40 cl de lait • 50 cl de crème fraîche
• 2 petits piments de Cayenne
• 4 cuillerées à soupe d'huile d'olive • sel • poivre

Lavez la choucroute à plusieurs reprises sous l'eau froide en la pressant chaque fois pour bien l'essorer.

Mettez l'huile à chauffer dans une grande cocotte. Ajoutez l'ail et 2 échalotes émincés. Mettez ensuite la choucroute, les baies de genièvre, les deux piments et 75 cl ce vin. Assaisonnez. Couvrez la cocotte et laissez cuire à feu très doux pendant 2 heures.

30 minutes avant la fin de la cuisson, ajoutez la lotte coupée en gros morceaux, puis, 10 minutes après, le saumon tranché en darnes et les pommes de terre.

Portez à ébullition dans une grande casserole le lait assaisonné d'une pincée de poivre. Mettez le haddock à pocher sur feu très doux pendant environ 15 minutes.

Pendant ce temps, préparez la sauce en faisant réduire sur feu vif le reste de vin blanc et d'échalotes hachées. Ajoutez la crème fraîche tout en remuant. Salez, poivrez. Laissez sur feu doux pendant 10 minutes. Passez ce mélange à travers un chinois, incorporez dans le jus obtenu le beurre ramolli en fouettant vivement. Ajoutez ensuite le persil émincé.

Dans un grand plat de service, disposez la choucroute, les poissons et les pommes de terre. Servez immédiatement avec la saucière à part.

Carpe à la bière
Karpfe met Bier

• *1 carpe vidée de 2,5 kg environ (conservez la laitance)* • *2 litres de bière*
• *1 blanc de poireau* • *4 oignons* • *200 g de beurre* • *2 branches de céleri*
• *1 feuille de laurier* • *2 clous de girofle* • *1 branche de thym* • *sel* • *poivre*

Faites préparer la carpe par votre poissonnier. Conservez la laitance.

Dans un plat à feu, mettez les oignons émincés à revenir dans 50 g de beurre. Ajoutez le céleri coupé en morceaux et le blanc de poireau émincé. Faites fondre pendant quelques minutes à feu doux.

Posez la carpe sur ce lit de petits légumes. Salez, poivrez. Ajoutez le laurier et le thym, puis la bière. Mettez à four doux (Th 5/6) pendant 1 heure.

Pendant ce temps, pochez la laitance pendant 5 minutes dans de l'eau bouillante salée. À la fin de la cuisson, dressez la carpe sur un plat de service chaud. Entourez avec la laitance. Réservez au chaud.

Laissez cuire sur feu vif le fond de jus de cuisson. Passez au chinois. Ajoutez le reste de beurre en battant au fouet. Nappez le poisson avec cette sauce. Servez aussitôt.

Carpe frite
Gebackene Karpfe

• *8 beaux filets de carpe* • *3 œufs* • *2 citrons* • *farine* • *persil* • *huile* • *sel* • *poivre*

Salez et poivrez chaque filet de poisson. Passez-les dans les œufs battus en omelette. Saupoudrez-les de farine.

Dans une grande friteuse, faites chauffer l'huile sur feu vif. Lorsqu'elle est très chaude, mettez-y les filets jusqu'à ce qu'ils prennent une belle couleur claire dorée.

Retirez avec une écumoire et posez sur le plat de service. Arrosez de jus de citron, saupoudrez de persil. Servir aussitôt.

Vous pouvez accompagner ce plat d'une sauce mayonnaise, par exemple.

Il est également possible de servir en accompagnement une salade de pommes de terre ou des frites.

Carpe farcie
Gfellti Karpfe

• 1 carpe de 1,5 kg avec sa laitance
• 100 g de porc haché • 100 g de veau haché
• 6 fines tranches de lard • 3 oignons
• 2 échalotes • 100 g de beurre
• 25 cl de crème fraîche • 1 citron
• 1/2 verre de lait • 50 g de mie de pain
• persil • sel • poivre

Écaillez la carpe. Videz-la (réservez la laitance). Lavez-la soigneusement sous un filet d'eau.

Salez et poivrez l'intérieur. Réservez.

Faites revenir les échalotes pelées et hachées dans une cocotte avec la moitié du beurre. Ajoutez le porc et le veau hachés. Salez, poivrez. Réservez.

Hachez finement la laitance et le persil, ainsi que la mie de pain préalablement trempée dans le lait et pressée.

Ajoutez cet appareil à la farce de la cocotte. Bien mélanger. Rectifiez l'assaisonnement si besoin.

Farcir la carpe avec cet appareil. Coudre l'ouverture et barder avec les tranches de lard.

Émincez les oignons. Garnissez-en le fond d'un plat allant au four et préalablement beurré.

Poser la carpe par-dessus. Nappez avec le reste de beurre fondu.

Mettez au four préchauffé à Th 7/8. Laissez cuire 45 minutes en arrosant régulièrement avec le jus de cuisson.

Quand la cuisson est terminée, sortez le plat du four et disposez la carpe avec précaution sur un plat de service tenu au chaud. Ôtez le fil et les bardes de lard. Passez la sauce à travers un chinois. Ajoutez la crème fraîche et le jus du citron mélangés.

Servez très chaud.

Baeckeoffe aux poissons d'eau douce et de mer
Baeckeoffe met Fisch von doo und vom meer

• *6 belles darnes de saumon* • *600 g de filets de dorade*
• *500 g de lotte* • *800 g de pommes de terre*
• *800 g de gros oignons* • *50 cl de Riesling*
• *40 g de saindoux* • *2 branches de thym*
• *2 feuilles de laurier* • *sel* • *poivre*

Pelez les pommes de terre, lavez-les. Coupez-les en rondelles fines. Plongez-les 5 bonnes minutes dans de l'eau bouillante salée. Égouttez-les. Réservez.

Pelez les oignons. Coupez-les en rondelles fines. Faites-les blondir dans une poêle avec le saindoux.

Préchauffez le four à Th 6.

Dans une terrine allant au four, mettez en alternance une couche d'oignons, les darnes de saumon, des pommes de terre, à nouveau des oignons, la dorade détaillée en gros morceaux, des pommes de terre. Terminez avec une couche d'oignons, la lotte coupée en morceaux et une dernière couche de pommes de terre. Salez et poivrez au fur et à mesure. Ajoutez le thym et le laurier. Mouillez avec le vin blanc. Couvrez et mettez au four durant 50 minutes.

Servez chaud dans la terrine de cuisson.

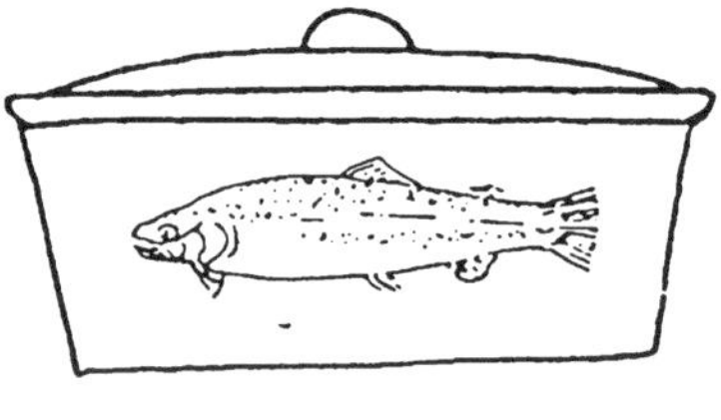

Viandes

Baeckeoffe au Riesling

Pour 8 personnes

• 500 *g de gîte de bœuf* • 500 *g d'échine de porc désossée*
• 500 *g d'épaule de mouton désossée* • 1 *queue et* 1 *pied de porc*
• 1 *litre de vin blanc* (*Sylvaner ou* Riesling) • 250 *g d'oignons*
• 1,5 *kg de pommes de terre* • *deux blancs de poireaux* • 2 *gousses d'ail*
• 2 *cuillerées à soupe d'huile* • 2 *cuillerées à soupe de saindoux*
• *bouquet garni* • 3 *clous de girofle* • 2 *feuilles de laurier* • *sel* • *poivre*

La veille : couper toutes les viandes en gros dés. Mettez à mariner pendant 24 heures dans le vin blanc avec deux oignons coupés en rondelles, les blancs de poireaux, le bouquet garni, l'ail coupé en petits morceaux, les clous de girofle, le laurier, l'huile et le poivre.

Le lendemain : épluchez les pommes de terre et coupez-les en rondelles. Coupez les oignons restants également en rondelles.

Graissez une terrine allant au four avec le saindoux. Couvrez le fond avec une couche de pommes de terre, disposez au-dessus une couche d'oignons en rondelles, puis une couche de l'une des viandes. Continuez cette alternance et terminez par une couche de pommes de terre. Salez et poivrez au fur et à mesure du remplissage.

Mouillez avec le vin blanc de la marinade (si nécessaire, ajoutez un peu d'eau pour arriver juste à hauteur).

Couvrez et lutez le couvercle (utilisez pour cela une pâte faite d'un mélange de farine et d'eau). Mettez à cuire au four préalablement chauffé à Th 5/6 pendant 2 heures 30 à 3 heures.

Servez dans la terrine de cuisson.

Baeckeoffe de Mulhouse

Pour 6 à 8 personnes

• 2,5 *kg de pommes de terre* • 500 *g de bœuf à braiser*
• 600 *g de collet de porc* • 400 *g d'épaule d'agneau désossée*
• 500 *g d'oignons* • 1 *bouteille de vin blanc d'Alsace*
• *beurre* • *sel* • *poivre*

Coupez les viandes en morceaux et faites-les revenir dans le beurre. Salez, poivrez.

Épluchez les pommes de terre. Lavez-les, puis coupez-les en rondelles, ainsi que les oignons.

Beurrez la terrine à baeckeoffe. Déposez une couche épaisse de pommes de terre, recouvrez avec les viandes et ajoutez leur jus de cuisson, et terminez avec les oignons et le reste des pommes de terre. Salez. Versez le vin blanc, parsemez de quelques noisettes de beurre. Couvrez hermétiquement et mettez à four préchauffé Th 7/8 pendant 3 heures environ.

Servez dans la terrine de cuisson.

Ce plat s'accompagne soit du même vin qui a servi pour la cuisson, généralement un Riesling, soit d'un Pinot noir.

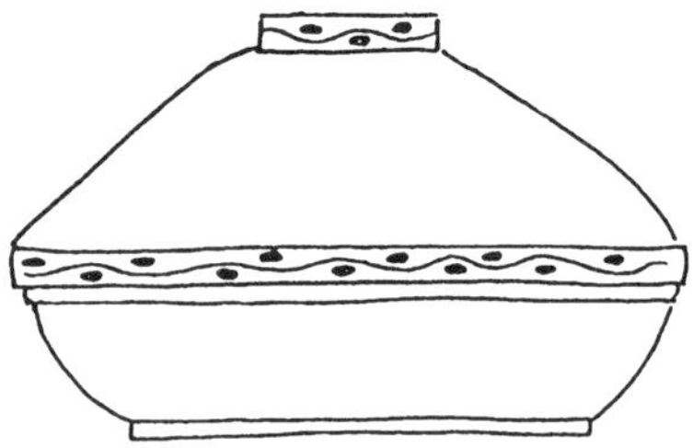

Poitrine de veau farcie
Gfellti Kalbsbruscht

• *1 kg de poitrine de veau* • *150 g de chair à saucisse*
• *450 g d'échine de porc* • *100 g de lard gras* • *30 cl de vin blanc sec*
• *1 œuf + 1 œuf dur* • *3 oignons* • *2 gousses d'ail* • *1 tomate* • *5 carottes*
• *5 navets* • *100 g de graisse d'oie ou de saindoux* • *persil* • *laurier* • *sel* • *poivre*

Pelez et hachez deux oignons et les gousses d'ail. Faites-les revenir dans 30 g de graisse d'oie (ou le saindoux).

Dans un saladier, mélangez la chair à saucisse, l'échine de porc et le lard gras hachés finement. Ajoutez l'œuf entier, le hachis oignons-ail, le persil haché, et enfin l'œuf dur coupé en petits morceaux. Salez, poivrez. Malaxez soigneusement cet appareil.

Salez l'intérieur de la poitrine de veau. Remplissez-la avec la farce. Fermez l'ouverture avec une aiguille et du fil.

Dans un grand faitout, mettez à bouillir 3 litres d'eau. Aux premiers gros bouillons, plongez-y la poitrine de veau farcie. Laissez 10 minutes à compter de la reprise de l'ébullition. Sortez alors la poitrine et laissez-la égoutter.

Dans une grande cocotte, faites fondre la graisse d'oie (ou le saindoux). Mettez la poitrine à dorer en la retournant. Ajoutez alors le dernier oignon pelé et émincé, la tomate concassée, les carottes coupées en rondelles fines, les navets pelés et coupés en fines tranches, le laurier. Mouillez avec le vin. Salez, poivrez. Laissez mijoter 1 heure sur feu moyen.

Servez chaud, en présentant la poitrine sur un plat de service tenu au chaud, entourée des petits légumes.

Boulettes de viande
Fleischknepfle

• 500 g de mie de pain • 4 œufs
• 35 cl de lait • 50 g de lard de poitrine maigre
• 100 g de chair à saucisse • 30 g de beurre
• 1 oignon • 1 gousse d'ail
• persil • sel • poivre • farine

Dans un saladier, écrasez la mie de pain trempée dans un peu de lait. Ajoutez les jaunes d'œufs battus avec le reste de lait. Laissez reposer.

Coupez le lard en dés. Faites fondre dans une poêle avec le beurre.

Hachez l'oignon, l'ail, le persil. Versez dans le saladier contenant le pain écrasé. Ajoutez la chair à saucisse, sel, poivre. Bien mélanger. Incorporez délicatement les blancs d'œufs montés en neige ferme avec une pincée de sel.

Chauffez de l'eau légèrement salée dans une casserole.

Avec la préparation, façonnez des boulettes de la taille d'une balle de golf en ajoutant un peu de farine pour éviter qu'elles se défassent à la cuisson. Plongez-les dans l'eau bouillante et laissez cuire environ 15 minutes à petits bouillons. Retirez avec une écumoire et égoutter.

Servez chaud, en accompagnement d'un plat de pâtes, d'une purée ou de choucroute, par exemple. Vous pouvez également les servir en soupe, dans le bouillon de préparation.

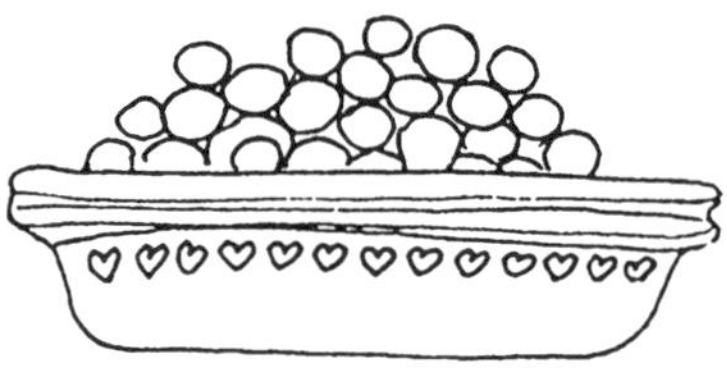

Potée colmarienne
Sürirüewe

Les sürirüewe sont des navets blancs détaillés en forme de gros spaghettis. Ils sont mis à macérer comme la choucroute.

• 1,5 *kg de sürirüewe* • 150 *g de graisse d'oie* • 30 *cl de vin blanc sec* • 500 *g de palette fumée* • 2 *jambonneaux salés* • 2 *oignons* • 2 *gousses d'ail* • 1 *feuille de laurier* • 2 *clous de girofle* • *sel* • *poivre*

Émincez les oignons. Faites-les fondre dans une cocotte dans la graisse d'oie.

Lavez et égouttez les navets salés. Les presser entre vos mains pour les essorer. En répartir la moitié sur le fond d'oignons. Posez par-dessus la palette et les jambonneaux, les gousses d'ail écrasées, le laurier, les clous de girofle. Ajoutez une pincée de sel, du poivre. Recouvrez avec le reste des navets.

Mouillez avec le vin blanc et l'eau. Couvrez. Laissez mijoter à feu doux pendant 1 heure 30 environ. Retirez alors les viandes et coupez-les en tranches. Dressez les navets dans un plat creux chaud. Déposez les viandes par-dessus. Servir très chaud.

Quenelles de foie
Leverknepfle

• 500 *g de foie de porc* • 250 *g de poitrine de porc* • 3 *œufs* • 1 *gros oignon* • *persil* • 200 *g de chapelure* • 30 *g de semoule* • 1 *pincée de muscade râpée* • *sel* • *poivre*

Hachez finement la viande et la poitrine de porc.

Hachez ensuite les oignons et le persil. Ajoutez les œufs et la chapelure, le sel, le poivre et la muscade. Mélangez pendant quelques minutes. Formez des quenelles avec cet appareil.

Mettez de l'eau à bouillir dans une casserole. Plongez les quenelles en les faisant glisser à l'aide d'une cuiller à soupe. Dès qu'elles remontent à la surface, retirez-les à l'aide d'une écumoire et dressez-les dans un plat de service chaud.

Servez avec des pommes vapeur persillées.

Potée alsacienne
Eintopf

Pour 8 personnes

• 1 *beau jambonneau* • 1 *kg de palette fumée*
• 1 *saucisson à cuire* • 300 *g de haricots blancs*
• 250 *g de carottes* • 100 *g de navets*
• 1 *petit chou blanc* • 8 *petites pommes de terre*
• 3 *branches de céleri* • 2 *oignons*
• *une dizaine de baies de genièvre* • *poivre du moulin*
• 50 *g de saindoux* • 1 *cuillerée à soupe de gros sel* • *poivre moulu*

La veille : mettez à tremper les haricots secs dans de l'eau froide.

Le jour même : rincez les haricots, les laisser égoutter dans une passoire.

Pelez les carottes et les navets. Retirez les fils des branches de céleri. Coupez tous ces légumes en gros morceaux.

Versez 2 litres d'eau dans une marmite. Plongez les haricots dans cette eau et portez à ébullition. Ajoutez alors les légumes. Laissez cuire 15 minutes puis égouttez.

Dans cette même marmite vidée de son eau, mettez à cuire sur feu doux le saindoux, les légumes et les oignons en remuant. Couvrez d'eau. Ajoutez les baies de genièvre, le poivre en grains et le gros sel. Laissez bouillir 20 minutes.

À ce moment-là, ajoutez le jambonneau, la palette et le saucisson. Laissez cuire doucement environ 1 heure 30.

15 minutes avant la fin de la cuisson, ajoutez les pommes de terre pelées.

Passez le bouillon, et servez-le accompagné de petits croûtons de pain.

Ensuite, servez les légumes et les viandes présentés dans un grand plat tenu au chaud.

Palette de porc à l'étouffée
Schwienaschieffele

• 1 *palette de porc sans os de* 1,2 *kg*
• 15 *cl de bière* • 20 *cl de crème fraîche*
• 1 *jaune d'œuf* • 1 *oignon* • 2 *gousses d'ail*
• 1 *cuillerée à soupe de saindoux* • *sel* • *poivre*

Mettez la palette à dorer sur toutes ses faces dans une cocotte avec le saindoux.

Épluchez l'oignon. Coupez-le en rondelles et mettez-le dans la cocotte. Ajoutez les gousses d'ail pelées. Salez, poivrez.

Versez la bière. Couvrez et laissez cuire sur feu doux pendant 1 heure.

Ajoutez alors la crème fraîche mélangée au jaune d'œuf. Laissez encore 15 minutes sur le feu.

Servez très chaud, arrosé du jus de cuisson.

Accompagnez cette viande de petites pommes de terre cuites à l'eau, ou d'endives braisées.

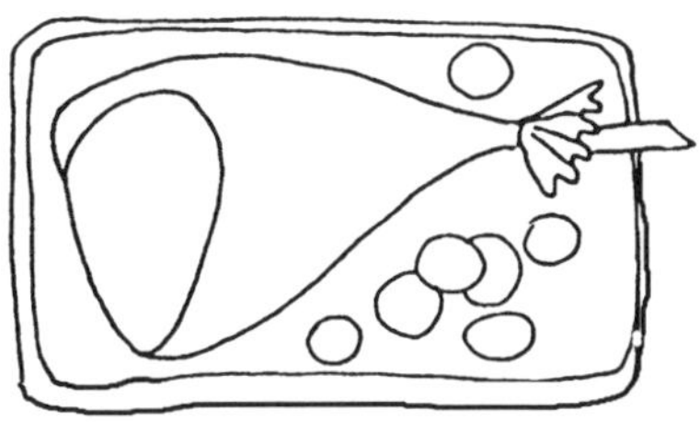

Boudins blancs poêlés
Gebratener Wisser « Boudin »

• 6 boudins blancs • 40 g de beurre
• 1 cuillerée à soupe de cognac
• sel • poivre blanc moulu

Dans une poêle, mettez le beurre à fondre sur feu doux. Ajoutez trois cuillerées à soupe d'eau et délayez.

Disposez les boudins dans ce mélange. Laissez cuire à feu doux pendant 10 minutes.

Retournez alors les boudins délicatement. Salez, poivrez, et poursuivez la cuisson pendant 10 minutes encore, toujours à feu doux.

Environ 1 minute avant la fin de la cuisson, versez le cognac sur les boudins.

Servez très chaud.

Ce plat constitue l'une des entrées les plus traditionnelles des repas de fin d'année. Vous pouvez l'accompagner avec, dans chaque assiette, deux cuillerées à soupe de chacune des purées de légumes préparées à part (purées de pommes de terre, de céleri, et de carottes).

Lorsque vous retournez les boudins blancs pour cuire les autres faces, veillez à ne pas les piquer avec les dents de la fourchette, contrairement au boudin noir. Vous éviterez ainsi de faire éclater la peau.

Boudin noir aux pommes
Bluetwurscht met Äpfel

• 1,2 *kg de boudin noir* • 700 *g de pommes reinettes*
• 40 *g de beurre* • 3 *oignons* • 2 *citrons*
• 1/2 *cuillerée à café de cannelle en poudre* • *sel* • *poivre*

Pelez les pommes. Épépinez-les et coupez-les en fines lamelles. Mettez-les dans un bol avec le jus des citrons, et mélangez délicatement. Cela évitera le noircissement des morceaux de fruits.

Dans une poêle, faites revenir dans le beurre, sur feu doux, les oignons hachés pendant environ 10 minutes. Couvrez à mi-cuisson.

Ajoutez les morceaux de pommes égouttés. Laissez sur feu doux pendant encore 8 minutes.

Retournez alors délicatement les fruits, salez, poivrez, et parsemez de cannelle.

Piquez légèrement le boudin avec une épingle pour éviter qu'il n'éclate à la cuisson. Couvrez et laissez cuire environ 15 minutes.

Au bout de ce temps, retournez délicatement le boudin et poursuivez la cuisson pendant encore 7 à 8 minutes.

Servez aussitôt.

Pour varier cette recette, vous pouvez remplacer les pommes par des poires. Choisissez alors une variété à chair ferme. Et remplacez la cannelle par 25 cl de crème fraîche.

Langue de bœuf à l'alsacienne
Rinderzung

Le syndrome de la vache folle a banni les abats des étals. Le principe de précaution a prévalu, et on ne peut qu'approuver une telle mesure. Nous ne résistons cependant pas à vous donner cette vieille recette. Elle rappellera à beaucoup l'époque où les farines animales n'existaient que dans les cervelles de quelques industriels plus soucieux de profits rapides que de qualité et de santé. Et puis on peut espérer que reviendra vite le temps où veaux, vaches, cochons, couvées retrouveront dans leurs mangeoires ces bons vieux aliments dont ils n'auraient jamais dû être privés.

Pour 8 personnes

• 1 *langue de bœuf*
Court-bouillon :
• 2 *carottes* • 2 *poireaux* • 1 *navet*, 2 *oignons*
• 2 *clous de girofle* • 3 *gousses d'ail* • *bouquet garni* • *sel* • *poivre*
Choucroute :
• 2,5 *kg de choucroute fraîche* • 400 *g de couenne de porc*
• 100 *g de lard de poitrine fumé* • 8 *saucisses de Strasbourg* • 8 *pommes de terre*
• 1/2 *bouteille de vin blanc sec* • 100 *g de graisse d'oie* • 1 *oignon*
• 2 *clous de girofle* • *bouquet garni* • 20 *baies de genièvre* • *sel* • *poivre*

Dans un faitout, mettez à bouillir 0,5 litre d'eau. Plongez-y la langue de bœuf environ 5 minutes. Passez-la ensuite sous l'eau froide pour éliminer toutes les impuretés. Remettez aussitôt après dans le faitout avec les carottes, les poireaux et les navets coupés en morceaux, les oignons (l'un piqué des clous de girofle), l'ail, le bouquet garni, sel, poivre. Couvrez largement d'eau froide et laissez cuire à feu moyen durant 1 heure.

Pendant ce temps, lavez la choucroute à grande eau en la déchiquetant. Pressez entre les mains. Renouvelez cette opération trois ou quatre fois pour éliminer l'acidité. Égouttez enfin en la pressant fortement.

Posez les couennes de porc préalablement ébouillantées au fond d'une grande cocotte. Disposez la choucroute par-dessus, ajoutez l'oignon piqué de clous de girofle, le bouquet garni, les baies de genièvre, la graisse d'oie. Mouillez avec le vin blanc (au besoin, ajoutez un peu d'eau pour couvrir). Salez modérément, poivrez. Couvrez et laissez mijoter 1 heure.

Plongez le lard fumé dans une casserole avec de l'eau. Faites bouillir, égouttez et coupez en dés.

Égouttez la langue, passez-la sous l'eau froide et, avec un couteau pointu, enlevez la peau blanche, les parties grasses et les cartilages.

Mettez la langue et les lardons dans la cocotte avec la choucroute, et laissez mijoter à feu doux environ 1 heure.

35 minutes avant la fin de la cuisson, ajoutez les saucisses de Strasbourg et les pommes de terre pelées. Couvrez et laissez finir la cuisson.

Égouttez alors la choucroute avant de l'étaler sur le plat de service. Disposez au-dessus la langue coupée en tranches, entourez avec les saucisses et les pommes de terre.

Palette fumée
Schiffele

• 1 *palette de porc de* 1 *kg* • 50 *cl de vin blanc sec*
• 1 *carotte* • 1 *blanc de poireau*
• 1 *oignon* • 1 *feuille de laurier* • *poivre*

La veille, mettez la palette à tremper dans une cocotte avec de l'eau froide.

Le jour même, mettez la viande dans un grand faitout. Ajoutez les légumes lavés et coupés en morceaux, le vin, le laurier. Poivrez. Couvrez d'eau et laissez cuire à petit feu pendant 1 heure 30.

Égouttez la viande. Posez-la sur un plat de service chaud, avec les légumes autour.

Servez avec une salade de pommes de terre.

Jarret de veau au miel
Kalbswädele im Hoonig

• 1 jarret de veau de 1 kg • 2 cuillerées à soupe de miel • 50 g de beurre • 1/2 verre de vin blanc • 1 gros oignon • 2 carottes • 2 branches de céleri • 2 clous de girofle • 1 feuille de laurier • 1 branche de thym • sel • poivre

---

Enduisez le jarret avec le miel. Mettez-le dans une cocotte, sur feu doux, avec le beurre pendant 5 minutes en le tournant à mi-cuisson.

Ajoutez le vin blanc l'oignon piqué des clous de girofle, les carottes coupées en rondelles, le céleri détaillé en morceaux, le laurier, le thym. Salez, poivrez. Couvrez et laissez mijoter sur feu très doux pendant 2 heures 30.

En fin de cuisson, retirez le laurier et le thym. Déposez le jarret sur un plat de service chaud. Servez aussitôt, accompagné de pâtes.

Pot-au-feu
Fleischsupp

• 2 kg de plat de côtes et de poitrine de bœuf • 1 queue de bœuf • 1 petit chou vert • 4 pommes de terre • 3 gros navets • 4 carottes • 4 blancs de poireaux • 3 gros oignons • 1/4 de céleri-rave • 4 gousses d'ail • 1 feuille de laurier • 1 branche de thym • sel • poivre

---

Mettez la viande dans une grande marmite. Couvrez d'eau et portez à ébullition en écumant régulièrement.

Ajoutez les légumes lavés et pelés. Salez, poivrez, ajoutez le laurier et le thym. Laissez bouillir pendant 3 heures en écumant de temps en temps.

Au bout de ce temps, filtrez le bouillon. Rectifiez l'assaisonnement si besoin. Posez une tranche de pain au fond de chaque assiette de service. Versez dessus le bouillon.

Vous servirez les viandes entourées des légumes à part, accompagnées d'une sauce au raifort.

Carré de porc au miel et aux mirabelles
Schwienigs

• *1,4 kg de carré de porc* • *500 g de mirabelles*
• *3 cuillerées à soupe de miel* • *12 gousses d'ail*
• *1 branche de thym* • *2 feuilles de sauge médicinale*
• *2 cuillerées à soupe d'huile* • *sel* • *poivre*

Pelez 4 gousses d'ail, coupez chacune en 5 ou 6 lanières et glissez-les dans la viande avec les feuilles de sauge.

Enduisez le carré de porc avec le miel, salez et poivrez.

Huilez un plat allant au four. Posez le carré, ajoutez autour le reste des gousses d'ail et le thym.

Mettez à cuire dans le four préchauffé à Th 6/7 pendant 1 heure en arrosant régulièrement avec le jus de cuisson (si besoin, ajoutez 2 ou 3 cuillerées à soupe d'eau chaude).

Pendant ce temps, lavez les mirabelles. Essuyez-les. Quinze minutes avant la fin de la cuisson, ajoutez les fruits dans le plat autour du carré de porc.

Servez tel quel dans le plat de cuisson.

Jambon en croûte
Wadepaschtet

Voilà un plat qui réjouira vos convives ! Impressionnant quand vous le présenterez sur la table, il régalera toute la tablée, petits et grands. Succès assuré.

Pour 10 à 12 personnes

• *1 jambon demi-sel de 3,5 kg* • *0,5 litre de vin blanc sec* • *2 carottes* • *1 gros oignon* • *3 clous de girofle* • *poivre en grains* • *2 feuilles de laurier* • *2 branches de thym* • *700 g de pâte feuilletée surgelée* • *3 jaunes d'œufs* • *50 g de beurre*

Mettez le jambon à dessaler dans une bassine d'eau froide pendant au moins 24 heures en changeant l'eau à plusieurs reprises.

Mettez-le alors dans un grand faitout avec le vin blanc, de l'eau, les carottes coupées en rondelles, l'oignon piqué des clous de girofle, le laurier, le thym et le poivre. Il faut que le jambon soit entièrement recouvert.

Portez à ébullition, laissez à petits frémissements pendant 3 heures au moins en écumant de temps en temps. Au bout de ce temps, éteignez le feu et laissez refroidir dans le bouillon. Pendant ce temps, étalez la moitié de la pâte que vous avez laissée préalablement décongeler en une large abaisse.

Sortez le jambon du court-bouillon. Égouttez-le. À l'aide d'un couteau à lame fine, ôtez la couenne et la couche de gras. Coupez-le en tranches en partant du manche sans laisser adhérer à l'os (utilisez un couteau électrique, votre tâche en sera facilitée). Reconstituez le jambon et posez-le sur l'abaisse.

Étalez le reste de pâte en une abaisse suffisante pour recouvrir le jambon. Humectez les bords des deux abaisses avec un peu d'eau. Posez la seconde abaisse sur le jambon et faites-lui épouser la forme. Laissez dépasser le manche. Faites adhérer les bords des deux abaisses en soudant bien les bords.

Allumez le four à Th 6/7. Posez le jambon entouré de pâte sur la plaque beurrée. Avec les chutes de pâte, réalisez des petits décors (feuilles, etc.) et disposez-les sur le dessus du jambon en les collant avec les jaunes d'œufs battus. À l'aide d'un pinceau, enduisez tout le dessus de la pâte recouvrant le jambon du jaune d'œufs restant.

Mettez dans le four pendant 1 heure environ. Si la coloration vous paraît trop rapide, posez au-dessus du jambon une feuille d'aluminium.

Sortez du four. Mettez dans un grand plat de service et posez tel quel sur la table.

Accompagnez d'une sauce piquante ou d'une sauce madère et d'une salade.

Choucroute à l'alsacienne
Sürkrütt elsässerart

Un peu comme le cassoulet, il existe plusieurs façons d'accommoder ce plat. Nous vous donnons donc quelques variantes de cette recette. Quelle que soit celle que vous choisirez, vous ne serez pas déçus. Un plat qui est un repas complet à lui seul...

Pour 8 à 10 personnes

• *environ 3 kg de choucroute crue* • *600 g de carré de porc*
• *1 palette fumée* • *1 pied de veau fendu*
• *1 jambonneau demi-sel* • *400 g de lard fumé*
• *8 saucisses de Strasbourg* • *8 saucisses de Francfort*
• *8 pommes de terre* • *100 g de graisse d'oie*
• *1/2 bouteille de vin blanc sec (Riesling de préférence)*
• *0,5 litre d'eau* • *400 g de couennes de porc*
• *1 oignon* • *3 clous de girofle* • *15 à 20 baies de genièvre*
• *bouquet garni* • *sel* • *poivre*

Lavez la choucroute à grande eau en la déchiquetant. Pressez-la. Renouvelez l'opération trois ou quatre fois. Égouttez en pressant fortement entre vos mains.

Dans une grande cocotte, mettez les couennes de porc préalablement ébouillantées. Étalez la choucroute au-dessus. Ajoutez l'oignon piqué des clous de girofle, le bouquet garni, les baies de genièvre. Mouillez avec le vin et l'eau pour arriver à hauteur. Salez et poivrez modérément. Ajoutez la graisse d'oie. Couvrez et laissez cuire 1 heure à feu doux.

Pendant ce temps, plongez les viandes dans un faitout avec de l'eau. Portez à ébullition. Écumez au fur et à mesure, et lorsqu'il ne se forme plus d'écume, égouttez les viandes. Mettez-les ensuite dans la cocotte avec la choucroute. Couvrez et laissez mijoter sur feu doux pendant 3 heures environ.

30 minutes avant la fin de la cuisson, ajoutez les saucisses de Strasbourg, ainsi que les pommes de terre pelées. Couvrez à nouveau. Plongez les saucisses de Francfort dans une casserole d'eau froide et portez à frémissement.

Pour servir, égouttez la choucroute, mettez-la dans un plat creux après avoir retiré l'oignon et le bouquet garni. Disposez autour et dessus les viandes tranchées, les saucisses et les pommes de terre.

La choucroute est toujours accompagnée d'un bon vin blanc d'Alsace, en général le même qui a servi à la préparation.

Choucroute de Leonie Weil
Sürkrütt (Boersch)

• 1,5 *kg de choucroute*
• 1 *palette fumée (ou 1 échine salée) de 1 kg*
• 250 *g de lard fumé* • 250 *g de lard frais*
• 4 *saucisses de* Montbéliard • 4 *saucisses lorraines*
• 1 *saucisse de* Morteau • 50 *cl de* Riesling
• 35 *cl d'eau* • 12 *petites pommes de terre*
• 1 *oignon* • *saindoux* • *sel* • *poivre*

Dans une cocotte, faites rissoler l'oignon coupé en rondelles dans le saindoux.

Préparez la choucroute comme indiqué page 101. Faites-la revenir quelques minutes dans la cocotte avec l'oignon. Mouillez avec le vin blanc et l'eau.

Déposez sur la choucroute la palette (ou l'échine). Laissez cuire 2 heures à couvert.

Ajoutez alors le lard fumé et le lard frais. Cuire pendant une demi-heure encore.

À ce moment-là, ajoutez les pommes de terre pelées et finissez la cuisson pendant une demi-heure.

Présentez la choucroute sur un plat préalablement tenu au chaud, entourée de la viande tranchée, du lard coupé en morceaux, des saucisses et des pommes de terre.

Choucroute de Gérard Hacquard (*Haut-Rhin*)

• 1,5 *kg de choucroute* • 1 *queue de cochon (en 4 morceaux fendus)*
• 800 *g d'échine de porc* • 250 *g de lard frais*
• 250 *g de lard fumé* • 6 *saucisses fumées (en morceaux)*
• 1 *palette fumée dessalée* • 4 *paires de knacks*
• 1 *bouteille de* Riesling • 12 *petites pommes de terre*
• 100 *g de lardons* • 3 *oignons*
• 4 *carottes* • *une douzaine de baies de genièvre*
• *coriandre* • 150 *g de graisse de canard*

Dans une poêle, faites blondir l'oignon coupé en petits morceaux et les lardons dans la graisse de canard.

Mettez dans une terrine en terre cuite allant au four la moitié de l'oignon et les lardons. Ajoutez la queue de cochon.

Recouvrez d'une couche de choucroute. Disposez dessus une couche de viande, le lard frais et le lard fumé coupés en gros dés et les morceaux de saucisses fumées. Ajoutez les baies de genièvre et une pincée de coriandre. Déposez le reste des rondelles d'oignons et les carottes coupées en rondelles. Recouvrir le tout d'une couche de choucroute et finissez par la palette fumée. Arrosez de Riesling.

Couvrez et mettez à four très doux pendant 3 heures. Rajoutez les pommes de terre une demi-heure avant la fin de la cuisson.

Quelques minutes avant de servir, plongez les knacks dans une casserole d'eau froide. Portez à frémissement pendant 3 minutes environ.

Servez tout ensemble dans la terrine de cuisson.

Choucroute de tante Yvette (autre variante)

• 1 *kg de choucroute crue*
• 250 *g de poitrine fumée (la plus maigre possible)*
• 500 *g de grillade de porc*
• 4 *saucisses de Strasbourg (on peut également ajouter* 1 *saucisse fumée)*
• 12 *petites pommes de terre* • 1 *gros oignon*
• 5 *cuillerées à soupe d'huile* • *sel* • *poivre*

Mettez la poitrine fumée dans une casserole en la couvrant d'eau. Porter à frémissement et laissez mijoter 30 minutes.

Pendant ce temps, mettez la choucroute dans une bassine d'eau froide. Lavez soigneusement, puis pressez entre vos mains par petits paquets pour bien l'égoutter. Réservez.

Dans une cocotte avec l'huile, faites revenir l'oignon coupé en morceaux. Réservez.

Remplacez-le par la grillade de porc que vous faites revenir 5 minutes environ. Réservez.

Dans la même cocotte, mettez alors la choucroute, posez au milieu la grillade et l'oignon. Laissez cuire à feu moyen pendant 30 minutes.

Ajoutez la poitrine fumée et, peu à peu, l'eau de cuisson de cette viande. Laissez cuire à feu doux pendant 1 heure. N'ajoutez ni eau ni vin blanc.

Environ 10 minutes avant la fin de la cuisson, disposez les saucisses de Strasbourg.

En fin de cuisson, rectifiez l'assaisonnement si nécessaire.

Si vous ajoutez 1 saucisse fumée, mettez-la dans la choucroute en même temps que la poitrine.

Servez accompagné des pommes de terre cuites en robe des champs et que chaque convive pèlera.

Choucroute de Cathy (*recette rapide*)

• 1,5 kg de choucroute • 1 ou 2 wädele (jambonneau salé)
• 250 g de lard fumé • 250 g de lard frais
• 6 saucisses lorraines • 6 paires de knacks
• 12 petites pommes de terre • 40 cl de vin blanc sec
• 50 cl d'eau • 1 oignon piqué de 4 clous de girofle
• 15 baies de genièvre • 150 g de graisse de canard
• 2 ou 3 branches de thym • 2 feuilles de laurier

Lavez soigneusement la choucroute comme indiqué page 101.

Dans une cocotte-minute, faites revenir l'oignon piqué des clous de girofle dans la graisse d'oie. Ajoutez la choucroute. Remuez le tout.

Versez le vin et l'eau jusqu'à presque recouvrir la choucroute. Ajoutez le thym, le laurier et les baies de genièvre. Posez enfin les jambonneaux salés.

Fermez la cocotte-minute et mettre sur le feu. Comptez 30 minutes à partir de la mise en rotation de la soupape.

Ôtez du feu et ouvrir la cocotte après avoir laissé s'échapper la vapeur. Ajoutez le lard fumé, le lard frais. Refermez et remettez sur le feu 30 minutes sous pression.

À part, faites cuire les pommes de terre. Plongez les saucisses lorraines 5 minutes dans de l'eau frémissante. Mettez les knacks dans de l'eau froide, et retirez-les dès les premiers frémissements.

Déposez la choucroute dans un grand plat creux et présentez viandes, saucisses et pommes de terre tout autour.

Volailles, gibiers et lapins

Escalopes de dinde au munster
Coq au Riesling
Faisan à la choucroute
Choucroute aux coquelets
Oie à la choucroute
Oie farcie
Ragoût d'oie
Ragoût de sanglier
Civet de lièvre
Lapin chasseur
Lapin au chou rouge
Émincé de volaille aux pâtes
Confit d'oie

Escalopes de dinde au munster
Walschgüllerschnitzel met Menschterkas

• *6 belles escalopes de dinde* • *12 petites pommes de terre*
• *200 g de munster au cumin* • *25 cl de vin blanc sec*
• *20 cl de crème fraîche* • *40 g de beurre*
• *3 branches de persil* • *sel*

Épluchez les pommes de terre et mettez-les à cuire dans de l'eau bouillante salée.

Dans une casserole, coupez le munster en morceaux après avoir enlevé la croûte. Ajoutez le vin blanc et la crème fraîche et faites fondre à feu très doux. Lorsque le mélange est fondu, augmentez un peu le feu de façon à faire réduire la sauce d'un tiers environ.

Dans une poêle, faites cuire dans le beurre pendant 10 minutes les escalopes de dinde en les retournant à mi-cuisson.

Disposez-les dans les assiettes de service en ajoutant les pommes de terre et en nappant avec la sauce. Parsemez d'un peu de persil haché et servez aussitôt.

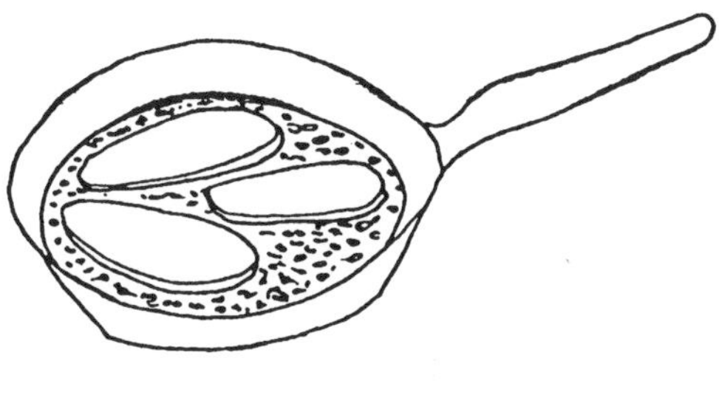

Coq au Riesling
Hahn im Riesling

• 1 *gros coq* • 1 *bouteille de* Riesling
• 30 *g de champignons de* Paris *(frais ou en conserve)*
• 200 *g de crème fraîche* • 70 *g de beurre* • 4 *échalotes* • 3 *cuillerées à soupe de farine*
• *bouquet garni* • 1 *branche de céleri* • 1/2 *citron* • *sel* • *poivre*

Dans une grande cocotte, faites dorer le coq préalablement coupé en morceaux dans 50 g de beurre.

Ajoutez les échalotes émincées. Faites revenir sans colorer. Saupoudrez de farine et mélangez avec une spatule en bois. Versez ensuite le vin pour couvrir à hauteur (si nécessaire, rajoutez un peu d'eau). Ajoutez le bouquet garni, le céleri, sel, poivre. Couvrez et laissez cuire 2 heures à feu doux.

Pendant ce temps, préparez les champignons s'ils ont été achetés frais : coupez la partie sableuse du pied, lavez rapidement sous un filet d'eau. Versez-les dans une poêle avec le reste de beurre, le jus du demi-citron, sel, poivre. Faites cuire 5 minutes puis égouttez.

Quand la cuisson du coq est terminée, retirez les morceaux de la cocotte. Réservez au chaud. Laissez bouillir la sauce à découvert 10 à 15 minutes afin de la faire réduire du tiers environ. Passez-la alors au travers d'un chinois dans une casserole, ajoutez les champignons et la crème fraîche. Donnez un bouillon.

Nappez les morceaux de coq avec cette préparation, et servez aussitôt.

Accompagnez de nouilles fraîches au beurre, ou de spätzle légèrement rissolés (voir recettes pages 53 et 56).

Faisan à la choucroute

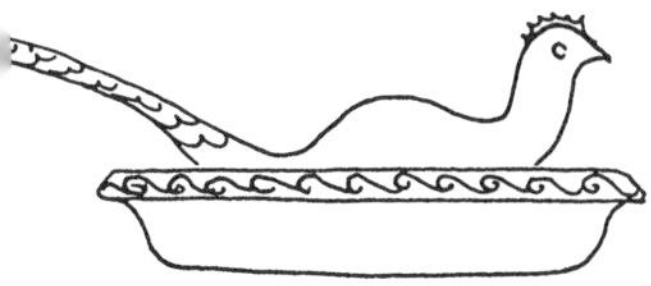

Fasan met sürkrütt

• *1 faisan d'environ 1,2 kg* • *400 g de lard de poitrine* • *1 kg de choucroute crue* • *800 g de pommes de terre* • *8 tranches de lard de poitrine fumé* • *50 g de beurre* • *sel* • *poivre*

Nous vous conseillons d'acheter un faisan déjà plumé (l'opération est en effet longue et fastidieuse).

Salez et poivrez l'intérieur du volatile. Dans une cocotte allant au four, faites fondre le lard coupé en dés dans le beurre. Mettez ensuite le faisan à dorer de toutes parts. Réservez.

À la place, disposez la choucroute (pour la préparation de cette dernière, procédez comme indiqué page 101). Déposez le faisan au-dessus, couvrez et mettez à cuire à four chaud (Th 6/7) environ 1 heure.

À part, faites cuire les pommes de terre pelées.

Dans le plat de service, présentez le faisan sur son lit de choucroute avec les lardons, les pommes de terre et les tranches de lard que vous aurez auparavant rapidement rissolées à la poêle.

Choucroute aux coquelets

Sürkrütt met hahn

• *3 coquelets* • *600 g de choucroute cuite* • *6 pommes de terre* • *1 oignon* • *sel* • *poivre* • *40 g de beurre* • *25 cl de vin blanc sec* • *2 feuilles de laurier* • *2 clous de girofle*

Épluchez les pommes de terre. Mettez-les à cuire 10 minutes dans de l'eau bouillante salée. Coupez les coquelets en deux. Faites-les revenir pendant 5 minutes sur chaque face dans une poêle avec le beurre.

Piquez l'oignon avec les clous de girofle. Dans une grande cocotte, mettez la choucroute et l'oignon. Ajoutez les moitiés de coquelets, le laurier et le vin. Mettez à cuire sur feu très doux pendant 30 minutes. Ajoutez les pommes de terre 10 minutes avant la fin de la cuisson.

Disposez sur un plat de service la choucroute, les parts de coquelets et les pommes de terre. Servez aussitôt.

Oie à la choucroute
Ganz met sürkrütt

• *1 oie de 3 kg environ avec ses abats (foie et cœur)* • *400 g de chair à saucisse* • *3 tranches de pain rassis* • *1,5 kg de choucroute crue* • *4 oignons* • *5 belles pommes* • *1 bouteille de* Riesling • *2 œufs* • *100 g de graisse d'oie* • *2 gousses d'ail* • *20 cl de lait* • *15 baies de genièvre* • *persil* • *1/2 cuillerée à café de gingembre en poudre* • *sel* • *poivre en grains* • *poivre moulu*

Dans un bol, mettez à tremper le pain dans le lait. Égouttez-le et écrasez-le.

Hachez les abats de l'oie. Dans une terrine, mélangez-les soigneusement avec le pain écrasé, la chair à saucisse, 2 oignons hachés finement, l'ail écrasé, le persil haché fin, les œufs, le gingembre, sel et poivre moulu.

Garnissez l'oie avec cette farce, cousez l'ouverture et bridez.

Posez sur la lèchefrite et mettez dans le four préchauffé à Th 6/7 pendant 2 heures. En cours de cuisson, arrosez souvent avec le jus rendu.

Pendant ce temps, lavez la choucroute à plusieurs reprises dans de l'eau froide. Pressez-la entre les mains pour l'égoutter.

Coupez finement les oignons restants et faites-les blondir dans une cocotte avec la graisse d'oie. Mettez ensuite la choucroute. Mélangez. Salez, poivrez, ajoutez les baies de genièvre, le vin blanc. Couvrez et laissez cuire à petit feu pendant 1 heure 30.

Coupez chaque pomme en quatre. Épépinez. Mettez à cuire avec l'oie 10 minutes avant la fin de la cuisson.

Versez la choucroute dans un grand plat de service creux tenu au chaud. Posez au-dessus l'oie débridée. Entourez avec les morceaux de pommes.

Versez le jus de cuisson dans une saucière. Servez aussitôt.

Oie farcie
Gfellti Ganz

Pour 6 à 8 personnes

• *1 oie de 3,5 kg* • *1 foie d'oie*
• *250 g de chair à saucisse* • *2 boîtes de marrons entiers au naturel*
• *100 g de mie de pain* • *1/2 verre de lait*
• *2 oignons* • *3 gousses d'ail*
• *1 verre de vin blanc* • *2 tablettes de bouillon de volaille*
• *1/2 verre de cognac* • *1 pincée de gingembre en poudre*
• *persil* • *cerfeuil* • *1 cuillerée à soupe de thym émietté* • *sel* • *poivre*

Dans un grand saladier, mélangez le foie émincé, la chair à saucisse, le pain mouillé dans le lait, pressé et écrasé, les herbes hachées et le cognac. Salez, poivrez. Malaxez soigneusement. Vérifiez l'assaisonnement.

Farcissez l'oie avec cet appareil. Cousez l'ouverture à points serrés.

Coupez les oignons et l'ail en petits morceaux. Mettez à revenir dans une petite poêle avec un peu de graisse d'oie. Étalez cette préparation dans le fond du plat de cuisson assez grand pour pouvoir y disposer l'oie.

Posez l'oie sur cette couche. Salez, poivrez. Mettez pendant 30 minutes dans le four préchauffé à Th 7/8. Réduisez à Th 6/7 et laissez cuire pendant près de 3 heures en arrosant souvent. À mi-cuisson, sortez le plat du four, retournez l'oie et arrosez-la avec le vin blanc et un bouillon de volaille (vous aurez fait auparavant dissoudre les tablettes de volaille dans 50 cl d'eau bouillante). Continuez d'arroser régulièrement pendant la seconde partie de la cuisson.

Quand l'oie est cuite, sortez-la du plat de cuisson. Réservez-la au chaud.

Égouttez les marrons et versez-les dans le jus de cuisson de la volaille. Laissez cuire une dizaine de minutes.

Présentez l'oie sur un grand plat de service tenu au chaud. Servez les marrons à part.

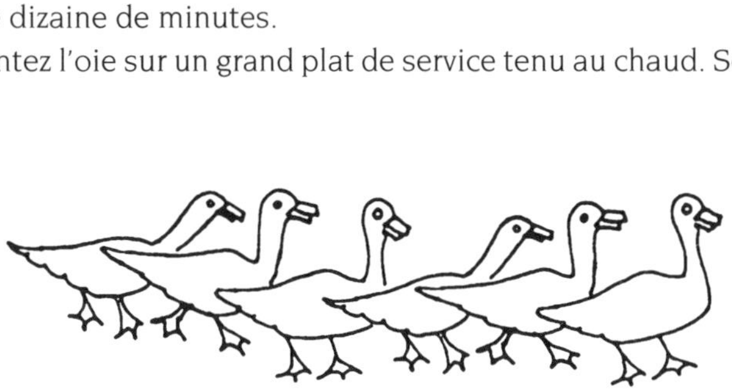

Ragoût d'oie
Ganz in sos

• 2 kg d'oie en morceaux • 1,5 kg de pommes à chair ferme
• 80 g de beurre • 1 cuillerée à soupe d'huile
• 20 g de farine • 2 cuillerées à soupe de sucre en poudre
• 3 petits verres de cognac • 1 tablette de bouillon de poule
• 1/2 cuillerée à café de muscade râpée
• bouquet garni • sel • poivre

Dans une grande cocotte, mettez les morceaux de l'oie à dorer dans l'huile et 20 g de beurre.

Égouttez-les et réservez-les.

Dans la même cocotte, après avoir jeté le mélange huile-beurre de la précédente cuisson, mettez 30 g de beurre sur feu moyen. Ajoutez les morceaux d'oie. Arrosez avec le cognac préalablement chauffé dans une petite casserole. Flambez.

Saupoudrez alors de farine et laissez dorer en remuant avec une cuillère en bois. Versez 0,5 litre d'eau chaude et ajoutez la tablette de bouillon de poule.

Ajoutez enfin bouquet garni, sel et poivre. Couvrez et laissez cuire à petits frémissements pendant 1 heure.

Pendant ce temps, pelez les pommes. Coupez-les en gros morceaux. Mettez-les à dorer dans une poêle avec le reste de beurre. Ajoutez le sucre et laissez caraméliser sur feu vif. Salez, poivrez et saupoudrez avec la muscade. Réservez.

Avant la fin de la cuisson de l'oie, ajoutez l'appareil précédent dans la cocotte. Laissez mijoter encore une dizaine de minutes.

Servez sur un plat tenu au chaud en retirant auparavant le bouquet garni.

Ragoût de sanglier
Wildsoï in sos

• 1,5 kg de cuissot de sanglier sans la peau
• 1 bouteille de vin blanc sec • 1/2 verre d'huile d'olive
• 50 g de saindoux • 100 g de lardons
• 1 oignon • 3 échalotes • 4 gousses d'ail
• 2 carottes • 3 tomates • 1 cuillerée à soupe de poivre en grains
• 1 tomate • 1 cuillerée à soupe de farine
• 1 feuille de laurier • 2 clous de girofle
• 2 branches de thym • sel • poivre moulu

Deux jours avant : coupez le cuissot en morceaux. Dans un grand récipient, mettez la viande, le vin blanc, l'huile. Ajoutez l'oignon, les carottes, les échalotes et l'ail pelés et coupés en morceaux. Puis le laurier, le thym, les clous de girofle et le poivre en grains. Couvrez avec une feuille de papier aluminium ou de film culinaire étirable et mettez au réfrigérateur.

Le jour même : égouttez la viande. Réservez la marinade.

Mettez les morceaux de sanglier à revenir une dizaine de minutes dans une cocotte avec le saindoux. Saupoudrez de farine. Retournez-les de temps en temps.

Ajoutez alors la marinade passée au chinois et les lardons. Salez, poivrez. Couvrez et laissez cuire sur feu moyen pendant 1 heure 30.

Servez très chaud, accompagné de nouilles fraîches, ou bien de pommes de terre cuites à l'eau. Plus original, vous pouvez choisir comme accompagnement des pommes cuites en compote (non sucrée, bien entendu), ou de la confiture d'airelles.

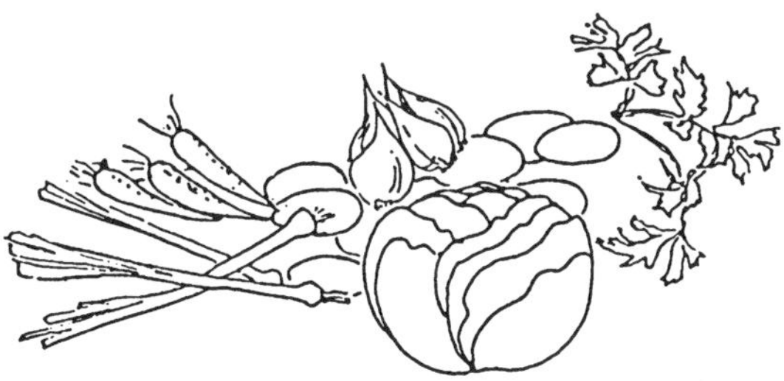

Civet de lièvre
Hasenpfeffer

• 1 lièvre de 2,5 kg environ • 150 g de lard fumé
• 250 g de champignons de Paris *• 0,5 litre de pinot noir*
• 100 g de beurre • 50 g de farine • 15 cl d'huile
• 1 petit verre de cognac • 2 oignons
• 2 carottes • 3 gousses d'ail
• 1 feuille de laurier • 2 branches de thym
• 2 clous de girofle • sel • poivre

La veille, coupez le lièvre en morceaux. Ôtez avec précaution la poche de fiel reliée au foie et gardez ce dernier entier.

Mettez à mariner dans une terrine avec le vin, l'huile, le cognac, l'ail et les oignons épluchés, les épices, le laurier et le thym. Les morceaux de viande doivent être recouverts. Laissez dans la partie basse du réfrigérateur.

Le jour même, faites rissoler le lard coupé en petits dés dans une poêle haute avec 50 g de beurre. Ajoutez les morceaux de lièvre. Laissez dorer. Saupoudrez avec la farine, mouillez avec la marinade et ajoutez les carottes coupées en rondelles fines. Salez, poivrez. Laissez cuire à feu doux pendant 1 heure 30.

Lavez rapidement les champignons. Coupez la partie terreuse du pied. Émincez. Faites revenir une dizaine de minutes dans le reste de beurre.

Deux ou trois minutes avant la fin de la cuisson de la viande, ajoutez les champignons. Si la sauce vous paraît trop liquide, délayez dans un bol 2 ou 3 cuillerées de fécule de pomme de terre ou de Maïzena dans un peu d'eau froide et versez dans la sauce. Laissez mijoter 2 ou 3 minutes.

Servez chaud, accompagné de spätzle rissolés dans de l'huile ou de nouilles fraîches.

Lapin chasseur
Haas im Wisswin

• 1 lapin de 1,8 kg • 100 g de lard de poitrine maigre
• 250 g de champignons de Paris *• 50 g de beurre*
• 2 oignons • 2 gousses d'ail
• 20 g de farine • 30 cl de vin blanc sec
• 3 cuillerées à soupe de cognac • 2 tomates bien mûres
• 1 feuille de laurier • 1 branche de thym
• 1 clou de girofle • persil • sel • poivre

Plongez le lard 5 minutes dans une casserole d'eau bouillante. Égouttez. Coupez en petits morceaux.

Lavez rapidement les champignons de Paris, et coupez l'extrémité terreuse du pied. Coupez-les en fines lamelles.

Dans une grande cocotte, faites fondre le beurre. Mettez les champignons et les lardons à revenir. Ajoutez les oignons émincés. Laissez sur feu moyen pendant 3 minutes environ.

Mettez dans la cocotte les morceaux de lapin. Faites-les dorer et saupoudrez avec la farine. Laissez bien colorer.

Ajoutez alors le vin blanc, les tomates concassées, le laurier, le thym, le clou de girofle. Salez, poivrez. Amenez à ébullition sur feu doux sans cesser de remuer avec une cuillère en bois. Couvrez alors, et laissez mijoter pendant 1 heure.

Au moment de servir, mettez les morceaux de lapin dans un plat tenu au chaud. Versez dessus la sauce en prenant soin de retirer le laurier, le thym et le clou de girofle. Parsemez de persil haché.

Vous accompagnerez ce plat de spätzle ou de galettes de pommes de terre.

Lapin au chou rouge
Haas met Rotkrütt

- *1 lapin de 1,5 kg* • *1 petit chou rouge*
- *50 g de beurre* • *1 bouteille de vin blanc sec*
- *1 verre de cognac* • *10 baies de genièvre*
- *3 gousses d'ail* • *farine*
- *huile* • *sel* • *poivre*

La veille : coupez le lapin en morceaux. Mettez dans un saladier. Ajoutez le vin blanc, le cognac, les baies de genièvre, le sel, le poivre et les gousses d'ail coupées en deux. Couvrez et mettez une quinzaine d'heures dans le bas du réfrigérateur.

Le jour même, coupez le chou rouge en tranches minces. Plongez-les dans un grand faitout d'eau bouillante pendant 5 minutes. Égouttez.

Sortez les morceaux de lapin à l'aide d'une écumoire. Égouttez-les. Mettez-les à revenir dans une cocotte avec un peu d'huile. Farinez légèrement, tournez les morceaux. Quand ils sont bien dorés, sortez-les avec une écumoire et mettez-les dans une cocotte avec le beurre. Salez, poivrez, laissez cuire sur feu moyen en couvrant.

Pressez le chou. Mettez-le dans la cocotte avec le lapin. Ajoutez la marinade filtrée. Portez à ébullition, couvrez et laissez mijoter 40 minutes.

Servez très chaud, en présentant le lapin sur un plat de service tenu au chaud et en entourant avec les morceaux de chou.

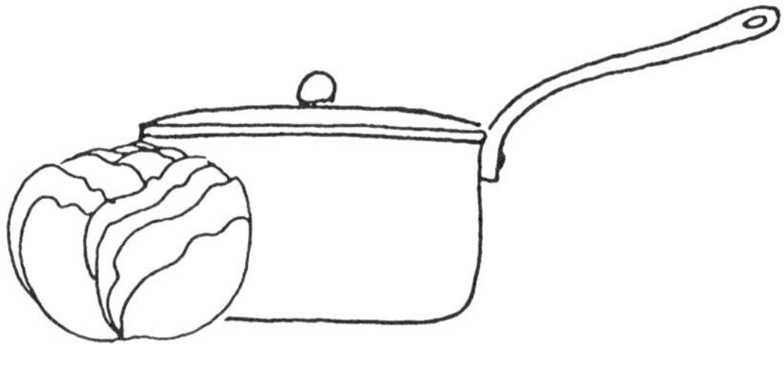

Émincé de volaille aux pâtes
Geschnitzeltz Hienerfleisch met Spätzle

• *4 blancs de volaille (poulet ou dinde)*
• *50 g de beurre* • *40 g de gruyère râpé*
• *sel* • *poivre*

Préparez une sauce béchamel comme indiqué page 198.

Mettez les blancs de volaille à cuire dans 30 g de beurre, sur feu doux, en couvrant la cocotte, pendant environ 10 minutes.

Émincez-les ensuite et incorporez à la sauce béchamel. Mettez sur feu doux et laissez mijoter 4 à 5 minutes en remuant.

Vous présenterez cet émincé avec des nouilles à l'alsacienne. Voici comment :

Faites cuire les nouilles préparées comme indiqué page 53. Mettez-les dans un plat à gratin préalablement beurré.

Versez dessus le mélange émincés-béchamel. Parsemez de gruyère râpé et mettez à four préchauffé à Th 6/7 pendant une dizaine de minutes.

Vous pouvez utiliser pour ce plat toutes sortes de viandes blanches (porc ou veau), soit fraîches, soit les restes.

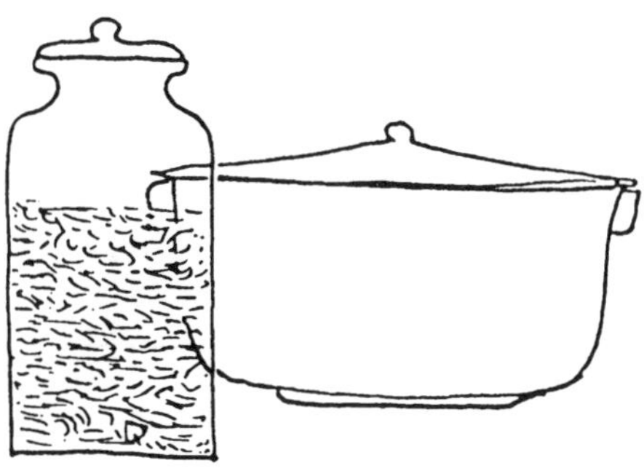

Confit d'oie
Ingewecktesgansfleisch

• 1 oie de 3,5 kg • laurier
• thym • gros sel • poivre en grains

La veille, coupez l'oie en une dizaine de morceaux. Dégraissez-les mais conservez cette graisse.

Tassez les morceaux dans une terrine. Recouvrez chaque couche avec du gros sel, du thym, du laurier et du poivre en grains. Laissez reposer dans la partie basse du réfrigérateur pendant au moins 24 heures.

Essuyez alors les morceaux d'oie. Hachez la graisse et mettez-la à fondre sur feu doux dans une grande cocotte.

Ajoutez alors les morceaux d'oie en veillant à maintenir un feu très doux. Laissez environ 3 heures.

Égouttez les morceaux. Laissez refroidir. Répartissez les morceaux dans des bocaux en verre.

Passez la graisse fondue à travers un chinois. Remettez-la sur le feu et versez-la bouillante dans les pots. Elle doit couvrir largement les morceaux d'oie.

Laissez refroidir. Si besoin, ajoutez par-dessus du saindoux ou de la graisse d'oie achetée dans le commerce.

Laissez refroidir. Fermez les pots hermétiquement. Conservez dans un endroit frais.

Tartes, tourtes et farcis

Tarte flambée
Flammeküeche

Voilà une autre « institution » – le mot n'est pas trop fort – des fins de semaines alsaciennes. Quel plaisir de se rendre en famille dans une winstub pour un dîner chaleureux ! Il y a là du monde venu du village et des environs (selon la réputation de l'établissement, on vient même de fort loin, parfois, et il n'est jamais inutile de réserver). Les tablées sont conviviales, l'ambiance bon enfant... Au menu, surtout : la fameuse flammeküeche. Une première, une deuxième... Une autre encore ? Seul l'appétit de la tablée commande. Voici une recette de flammeküeche qui vous permettra de prolonger chez vous ce plaisir du goût.

• 600 g de pâte à pizza • 1,2 kg d'oignons
• 300 g de lardons • 400 g de crème fraîche
• 100 g de beurre • 5 cuillerées à soupe d'huile • sel • poivre

---

Pelez et émincez finement les oignons. Faites-les blondir à feu moyen dans une poêle avec le beurre. Salez, poivrez. Baissez le feu, ajoutez la crème fraîche, mélangez. Ôtez du feu. Réservez.

Plongez 1 minute les lardons dans une casserole d'eau bouillante. Retirez-les et passez-les sous l'eau froide. Égouttez. Réservez.

Partagez la pâte en deux parts égales et étalez-les au rouleau en deux abaisses très fines (là réside une partie du secret de la flammeküeche). Posez chacune de ces abaisses sur une tôle à pâtisserie légèrement beurrée et farinée.

Disposez aussitôt les oignons sur les abaisses de pâte, ajoutez les lardons. Ajoutez un filet d'huile et mettez à cuire dans le four préalablement chauffé à Th 7/8 pendant 25 minutes (surveillez la cuisson pour éviter de laisser dorer).

Sortez les tartes du four et servez immédiatement.

Tarte flambée (variante)

• 300 g de pâte à pain • 15 cl de crème fraîche
• 200 g de lardons fumés • 300 g de fromage blanc
• 4 oignons • 50 g de gruyère râpé
• 2 œufs • 1 pincée de noix de muscade
• 30 g de farine • sel • poivre

Pelez les oignons et émincez-les finement. Réservez.

Dans une terrine, mélangez bien les œufs, la pincée de muscade, le fromage blanc, la crème fraîche, du sel et du poivre.

Étalez la pâte à pain en une fine abaisse. Posez-la sur la tôle à pâtisserie du four (si elle n'est pas avec un revêtement antiadhésif, beurrez-la légèrement et farinez-la).

Versez le contenu de la terrine sur cette pâte en une couche régulière. Ajoutez les lardons et les oignons. Parsemez de gruyère râpé.

Mettez au four préchauffé Th 7/8 pendant environ 10 minutes.

Sortez du four et servez immédiatement.

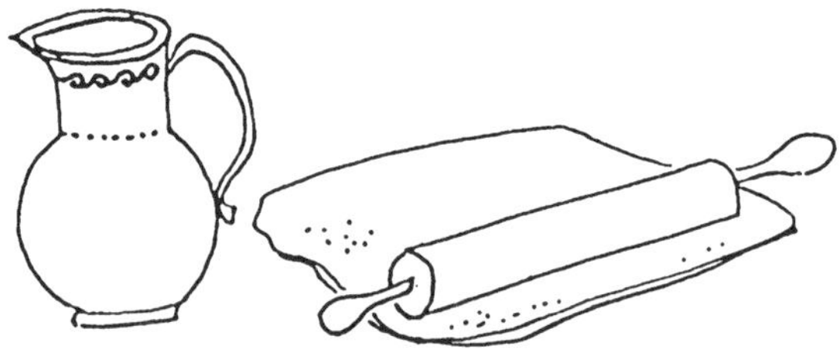

Tarte à l'oignon
Ziwelküeche

• *250 g de pâte brisée toute prête* • *250 g d'oignons*
• *60 g de farine* • *120 g de lard fumé maigre*
• *100 g de beurre* • *3 jaunes d'œufs*
• *40 cl de lait* • *1 pincée de muscade râpée* • *sel* • *poivre*

Étalez la pâte au rouleau. Foncez un moule à tarte préalablement beurré et fariné. Piquez le fond avec les dents d'une fourchette.

Pelez et émincez les oignons. Faites-les revenir dans 50 g de beurre, sur feu doux. Salez, poivrez, parsemez de muscade et laisser blondir 2 ou 3 minutes. Réservez.

Dans une casserole, faites fondre le reste de beurre. Ajoutez la farine et, sans cesser de mélanger, le lait peu à peu. Assaisonnez. Laissez cuire 10 minutes sur feu très doux en remuant de temps en temps. Hors du feu, incorporez les jaunes d'œufs. Ajoutez les oignons.

Coupez le lard en petits dés et plongez-les 2 minutes dans une casserole d'eau bouillante. Égouttez.

Versez l'appareil avec les oignons sur le fond de tarte. Disposez les lardons. Mettez à four préchauffé Th 6/7 pendant 30 minutes. Servez chaud.

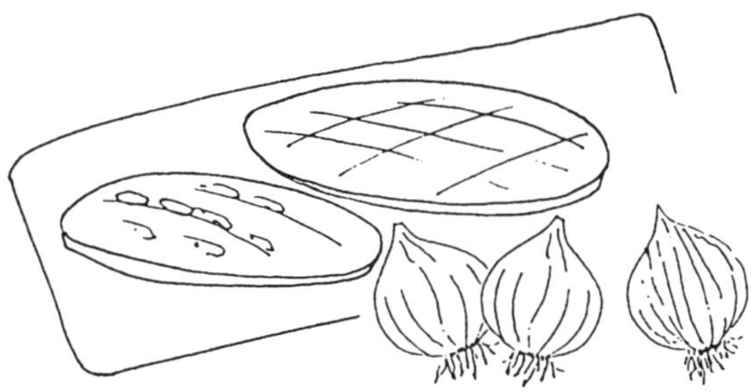

Quiche aux pointes d'asperges (recette facile)
Spargelspitzeküeche

• 1 pâte brisée (achetée toute prête)
• 300 g de pointes d'asperges (en boîte) • 30 g de beurre
Pour la sauce :
• 50 g de beurre • 50 g de farine
• 0,5 litre de lait • 1 jaune d'œuf
• 50 g de gruyère râpé • 2 cuillerées à soupe de crème fraîche
• 1 pincée de muscade râpée • sel • poivre

Beurrez et farinez une tourtière. Foncez avec la pâte brisée.

Piquez le fond avec les dents d'une fourchette (cela afin d'éviter le gonflement de la pâte à la cuisson). Cuire 5 minutes à four chaud. Sortez du four.

Préparez la sauce : dans une petite casserole, sur feu doux, mélangez soigneusement le beurre et la farine en battant avec un fouet. Ajoutez le lait froid d'un seul coup sans cesser de battre, puis la noix de muscade râpée, le sel et le poivre. Laissez cuire 10 minutes sans cesser de mélanger au fouet.

Hors du feu : incorporez le jaune d'œuf et le fromage râpé. Mélangez.

Versez la moitié de la sauce sur la pâte en l'étalant bien. Remettez à four moyen pendant 15 minutes.

Répartissez alors les pointes d'asperges sur la pâte. Délayez la crème fraîche dans le reste de sauce et versez sur les asperges. Finissez par 10 minutes de cuisson dans le four.

Démoulez sur une grille. Servez chaud.

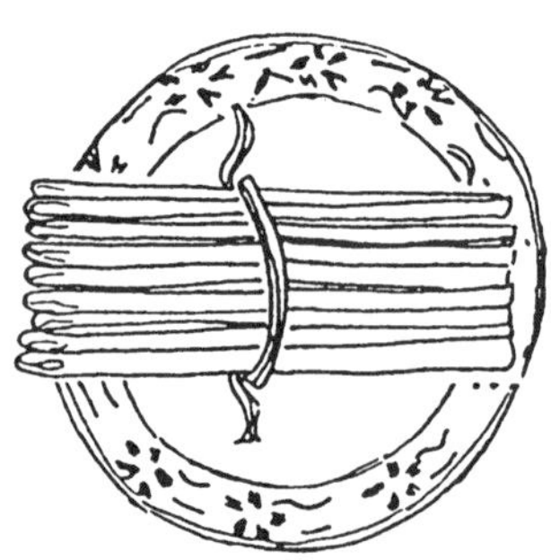

Tarte aux asperges
Spargelküeche

• 1 kg d'asperges blanches ou vertes • 80 g de lard fumé • 6 œufs • 200 g de beurre • 25 cl de crème fraîche • 250 g de farine • 20 cl de lait • 20 g de Maïzena ou de fécule de pomme de terre • noix de muscade • sel • poivre

---

Préparation de la pâte : dans un saladier, versez la farine. Faites un puits au centre. Ajoutez 180 g de beurre bien ramolli et coupé en morceaux, 1 œuf et une pincée de sel. Ajoutez environ 5 cl d'eau et mélangez.

Pétrissez avec la paume de la main jusqu'à obtenir une pâte lisse. Enveloppez cette dernière dans un linge et laissez-la reposer au moins une heure dans la partie basse du réfrigérateur.

Pendant ce temps, pelez les asperges au couteau économe. Coupez la base dure. Ficelez-les en botte. Mettez-les à cuire dans un faitout d'eau bouillante salée 10 à 15 minutes selon leur grosseur. Égouttez-les. Réservez.

Étalez la pâte sortie du réfrigérateur. Beurrez un moule à tarte. Foncez le fond du moule avec la pâte. Posez sur le fond une feuille de papier aluminium ou de papier sulfurisé et étalez une couche de riz ou de légumes secs (lentilles, haricots). Mettez dans le four préalablement chauffé à Th 6 (180 °C). Laissez cuire 15 à 20 minutes. Sortez du four et laissez refroidir.

Dans un saladier, mélangez au fouet les œufs restants avec la Maïzena (ou la fécule de pomme de terre), le lait, puis la crème fraîche. Salez, poivrez et ajoutez une pincée de noix de muscade râpée.

Coupez les asperges en petits morceaux. Posez-les sur le fond de tarte avec le lard fumé coupé en minces lardons.

Versez dessus le contenu du saladier. Enfournez et laissez cuire une vingtaine de minutes.

Servez chaud.

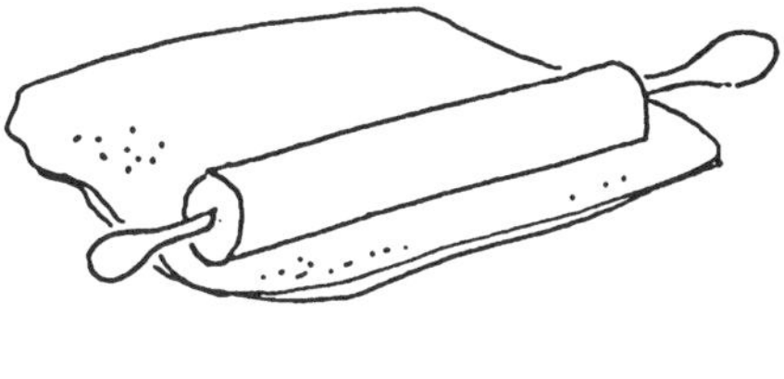

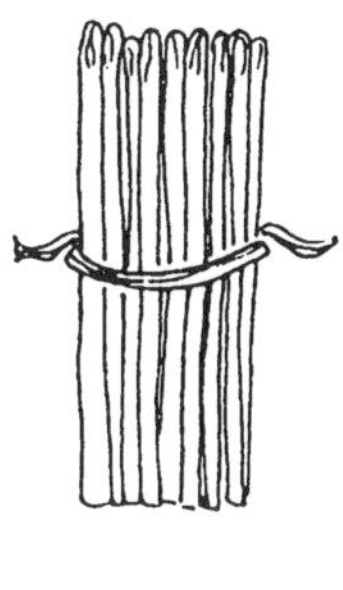

Tarte aux asperges (variante)

• 250 g de pâte brisée fraîche ou surgelée • 800 g d'asperges vertes • 1 talon de jambon de 250 g • 150 g de gruyère râpé • 30 cl de crème fraîche • 4 œufs • un peu de farine • sel • poivre

Pelez les asperges au couteau économe. Coupez l'extrémité dure à la base. Plongez les asperges dans de l'eau bouillante salée et faites-les blanchir 10 minutes. Égouttez soigneusement. Réservez.

Préchauffez le four à Th 6 (180 °C). Coupez en petits dés le talon de jambon.

Dans un moule à tarte beurré et fariné, étalez la pâte et piquez le fond avec la pointe d'une fourchette. Recouvrez avec les dés de jambon et parsemez de gruyère râpé. Disposez les asperges par-dessus.

Battez les œufs avec la crème fraîche. Salez, poivrez. Versez ce mélange sur la tarte. Enfournez et laissez cuire 40 minutes environ.

Servez chaud.

Tourte à l'alsacienne
Türt of Elsässerart

• 300 g de pâte feuilletée (fraîche ou surgelée) • 250 g de porc haché • 1 oignon • 1 œuf • 250 g de veau haché • 1 petit verre de cognac • mie de pain • persil • sel • poivre

Dans un bol, battez l'œuf entier avec du sel et du poivre.

Dans une terrine, mélangez les viandes hachées et la mie de pain préalablement trempée dans du lait et essorée. Ajoutez l'oignon et le persil passés au mixer. Mélangez soigneusement. Ajoutez le cognac. Rectifiez l'assaisonnement si besoin.

Foncez un moule à tarte beurré avec la moitié de la pâte. Versez le mélange, étalez, et couvrez avec le reste de la pâte. Soudez les bords en humectant légèrement et en pressant entre les doigts. Avec un pinceau, enduisez le couvercle avec l'œuf battu.

Mettez à four préchauffé à Th 6/7 pendant 45 minutes. Si la surface vous paraît brunir trop vite, posez dessus une feuille de papier d'aluminium.

Tarte au munster et au cumin
Menschterkasküeche met kummel

• 300 g de pâte brisée (fraîche ou surgelée) • un munster fermier de 250 g • 200 g de fromage blanc • 25 cl de crème fraîche • 2 cuillerées à soupe de cumin • 30 g de beurre • 1 cuillerée à soupe de farine • 4 œufs • 1 pincée de sel • poivre

Abaissez la pâte. Foncez un moule à tarte préalablement beurré et légèrement fariné. Piquez le fond avec les dents d'une fourchette. Coupez le munster en tranches fines. Disposez sur le fond de tarte la moitié de ces tranches.

Dans un saladier, versez le fromage blanc, la crème fraîche, les œufs. Battez énergiquement au fouet pour obtenir un mélange homogène. Ajoutez alors le cumin, le sel et le poivre. Versez dans le moule et disposez par-dessus l'autre moitié des tranches de munster.

Mettez à four préchauffé à Th 7 pendant 30 minutes.

Sortez du four, laissez reposer 5 minutes et démoulez. Servez chaud.

Nids de pommes de terre au munster
Hardäpfel met Menschterkasküeche

• 20 petites pommes de terre • 1 munster fermier de 250 g • 1 jaune d'œuf • 15 cl de crème fraîche • 2 cuillerées à café de cumin • sel • poivre

Mettez les pommes de terre à cuire à la vapeur pendant 20 minutes.

Pendant ce temps, dans une poêle, faites griller les graines de cumin. Laissez refroidir et réduisez-les en poudre.

Grattez la croûte du munster. Coupez le fromage en morceaux et mettez-les dans une petite casserole avec la crème fraîche et le jaune d'œuf. Battez au fouet et mettez sur feu doux sans cesser de fouetter jusqu'à obtenir un mélange bien onctueux. Ajoutez alors le cumin, le sel et le poivre.

Découpez le dessus de chaque pomme de terre encore. Évidez. Disposez-les dans un plat à four. Remplissez chacune d'elles avec la crème de munster. Posez au-dessus les morceaux coupés, comme un chapeau. Mettez à four très chaud 3 minutes.

Servez aussitôt.

Pommes de terre farcies
Gfellti Hardäpfel

• *6 grosses pommes de terre* • *100 g de beurre*
• *70 g de gruyère râpé* • *35 cl de crème fraîche*
• *1 bonne pincée de muscade râpée* • *sel* • *poivre*

Lavez les pommes de terre. Essuyez-les. Avec un couteau pointu, détachez un couvercle dans le sens de la longueur.

Reposez les couvercles sur les pommes de terre. Mettez à cuire dans le four à Th 6/7 pendant 40 minutes.

Sortez-les du four. Montez le Th à 7/8.

Creusez la chair des pommes de terre à l'aide d'une petite cuillère. Passez-la au moulin à légumes dans une terrine. Incorporez la moitié du beurre, la crème fraîche, la muscade. Salez, poivrez. Mélangez bien cet appareil avec une cuillère en bois.

Remplissez les pommes de terre évidées avec cet appareil. Parsemez chacune de gruyère râpé et mettez une noisette de beurre.

Enduisez avec le reste de beurre un grand plat à four. Mettez dans le four pendant une vingtaine de minutes.

Servez très chaud.

Lorsque vous évidez les pommes de terre, veillez à laisser suffisamment de chair sur les parois pour éviter qu'elles éclatent lors de la cuisson.

Entremets et desserts

Kougelhopf
Kougelhopf (recette simplifiée)
Beignets aux pommes
Beignets à la bière
Beignets de fleurs d'acacia
Biscuit roulé
Tarte aux myrtilles (recette rapide)
Tarte aux myrtilles (plus élaborée)
Tarte aux mirabelles
Tarte aux quetsches
Tarte à la rhubarbe
Tarte aux raisins muscats
Tarte au fromage blanc
Strudel aux pommes
Strudel à la rhubarbe
Tourte aux groseilles
Clafoutis aux myrtilles
Linzer tarte
Linzer tarte (variante)
Vacherin alsacien
Cerises flambées au kirsch
Gâteau de cerises au kirsch
Soupe de cerises au kirsch
Petits pains au cumin
Biscuits du Rhin
Pain de fruits secs
Bierewecke (variante)
Tresse de Pâques
Agneau de Pâques
Pain d'épice
Petits pains d'épice
Étoiles aux amandes et à la cannelle
Petits gâteaux à l'anis
Petits gâteaux aux amandes
Crêpes aux amandes
Crêpes à l'orange
Crêpes au fromage blanc
Flan aux mirabelles
Glace aux myrtilles
Sorbet aux mirabelles
Mousse au kirsch

Kougelhopf

Cette pâtisserie n'est jamais aussi bonne que lorsqu'on la sert encore très légèrement tiède. Le kougelhopf se déguste à tous les moments de la journée : le matin au petit-déjeuner, à l'apéritif, au dessert, l'après-midi avec un café ou du thé, ou encore avec un verre de vin blanc... Petits et grands l'apprécient, et il est rare qu'il y ait des restes – à part quelques miettes au fond du plat ! Si vous achetez un moule (un cône nervuré), n'hésitez donc pas à prendre tout de suite un modèle assez grand !

Pour 8 personnes

• 600 *g de farine* • 200 *g de beurre*
• 100 *g de sucre en poudre* • 25 *g de levure de boulanger*
• 25 *cl de lait* • 2 *œufs*
• 125 *g de raisins de Malaga* • 1 *verre de kirsch (facultatif)*
• 70 *g d'amandes entières pelées* • *sucre glace* • *une pincée de sel*

Mettez d'abord les raisins à macérer dans le kirsch (ou dans de l'eau si vous préférez conserver un goût neutre à votre préparation).

Délayez la levure dans deux ou trois cuillerées à soupe de lait tiède. Ajoutez une pincée de sucre en poudre et environ 60 g de farine. Mélangez jusqu'à obtenir une pâte molle. Laissez reposer dans un endroit tiède, à l'abri des courants d'air. Normalement, cette pâte – le levain – doit presque doubler de volume.

Pendant ce temps, mettez le reste de farine dans une terrine. Incorporez les œufs, le beurre ramolli, le reste de lait, le sucre en poudre et le sel. Pétrissez soigneusement cette pâte à la main en la soulevant (mais ne la battez pas). Il faut qu'elle finisse par se décoller facilement des mains. Incorporez alors le levain en pétrissant la pâte durant une quinzaine de minutes pour l'aérer au maximum et la rendre plus légère. Couvrez ensuite d'un linge et laisser reposer dans un endroit tiède, toujours à l'abri des courants d'air. Cette pâte va doubler de volume.

Vous allez alors la rompre, c'est-à-dire la travailler quelques minutes en la soulevant et en la laissant retomber à plusieurs reprises. Incorporez ensuite les raisins égouttés.

Beurrez le moule à kougelhopf, puis garnissez chaque cannelure avec les amandes. Versez délicatement la pâte par-dessus. Couvrez à nouveau et laissez reposer dans un endroit tiède. La pâte va atteindre le bord supérieur du moule.

Mettez ensuite à four préchauffé (Th 6/7) pendant 45 minutes. Évitez d'ouvrir le four pendant le premier quart d'heure de cuisson. Si le kougelhopf se colore trop en cours de cuisson, couvrez-le avec une feuille de papier sulfurisé ou de papier aluminium.

Sortir du four en fin de cuisson. Laissez refroidir une quinzaine de minutes avant de démouler. Saupoudrez de sucre glace.

Vous obtiendrez une pâte encore plus légère en incorporant très délicatement les blancs d'œufs battus en neige avec une pincée de sel.

Kougelhopf (recette simplifiée)

• 250 g de farine • 4 œufs
• 120 g de sucre en poudre • 120 de beurre
• 1/2 paquet de levure chimique • 1/2 verre de lait
• 100 g de raisins secs
• le zeste d'un citron ou d'une orange
• sucre glace • sel

Allumez le four à Th 6/7.

Beurrez et farinez un moule à kugelhopf.

Séparez les jaunes d'œufs des blancs.

Ajoutez une pincée de sel aux blancs et montez-les en neige ferme au fouet électrique.

Dans une terrine, travaillez au fouet électrique le beurre bien ramolli avec le sucre. Il faut que le mélange blanchisse et devienne mousseux. Incorporez alors les jaunes d'œufs un à un sans cesser de battre au fouet.

Ajoutez ensuite les blancs montés en neige en les incorporant délicatement avec une spatule.

Versez alors la farine, le sel, la levure, le lait et le zeste râpé. Mélangez toujours délicatement. Versez dans le moule.

Enfournez pendant 45 minutes environ.

Démoulez à la sortie du four. Laissez refroidir.

Saupoudrez de sucre glace avant de servir.

Beignets aux pommes
Äpelkiechle

Pour 8 personnes

- *1 kg de pommes* • *2 citrons*
- *160 g de farine*
- *150 g de sucre en poudre*
- *2 œufs*
- *20 g de beurre*
- *5 cl de bière*
- *huile* • *sel*

Dans une terrine, mélangez au fouet électrique la farine, 50 g de sucre en poudre, les jaunes d'œufs, le beurre fondu, la bière et le sel. Vous devez obtenir une pâte lisse et homogène.

Ajoutez alors 10 cl d'eau tiède.

Dans un saladier, montez les blancs d'œufs en neige ferme avec une pincée de sel. Incorporez délicatement à l'appareil précédent. Laissez reposer le mélange une bonne demi-heure dans la partie basse du réfrigérateur.

Pendant ce temps, pelez les pommes à l'aide d'un couteau économe. Ôtez les pépins à l'aide d'un ustensile spécial qui vous permettra de garder le fruit intact et bien rond.

Coupez les pommes en rondelles d'un demi-centimètre d'épaisseur environ. Arrosez du jus des citrons pour éviter le brunissement au contact de l'air.

Quand la pâte est suffisamment reposée, mettez-y les rondelles de pommes préalablement égouttées.

Plongez-les alors dans une friteuse (l'huile doit être très chaude). Laissez bien dorer. Sortez les beignets au fur et à mesure à l'aide d'une écumoire et laissez-les égoutter sur du papier absorbant. Réservez au chaud.

Saupoudrez de sucre en poudre et servez.

L'erreur communément commise lorsqu'on prépare des beignets pour la première fois est d'en mettre trop à cuire ensemble dans la friteuse. Il faut au contraire ne plonger dans l'huile que quelques beignets à la fois : cela leur permet de gonfler et de dorer plus régulièrement.

Beignets à la bière
Bierkiechle

Pour 8 personnes

• 250 g de farine • 2 œufs
• 20 cl de bière • 1/2 cuillerée à café de sel
• 2 cuillerées à soupe d'huile + huile de friture
• 10 cl d'eau • sucre en poudre

Versez la farine dans une grande terrine. Ajoutez, tout en battant au fouet électrique, les 2 cuillerées à soupe d'huile, les jaunes d'œufs, la bière et l'eau tiède. Vous devez obtenir une pâte homogène.

Mettez à reposer pendant une heure dans le bas du réfrigérateur.

Battez alors les blancs d'œufs en neige ferme avec une pincée de sel. Incorporez délicatement à la pâte.

Puisez dans la pâte avec une cuillère à soupe, et plongez-la dans la friture très chaude. Laissez gonfler et bien dorer en retournant les beignets. Retirez à l'aide d'une écumoire et laissez égoutter sur du papier absorbant en réservant au chaud. Procédez ainsi jusqu'à épuisement de la pâte.

Saupoudrez de sucre avant de servir.

Les beignets sont très prisés des grands... et des petits. Mais attention de ne pas en abuser ! Ils ne sont pas particulièrement indiqués en cas de régime amaigrissant, et sont lourds à digérer.

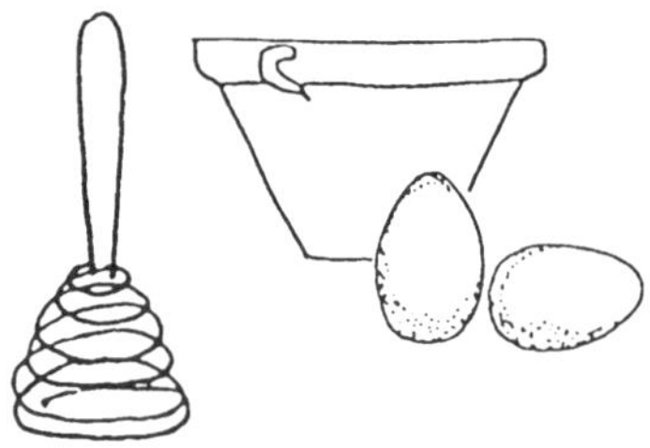

Beignets de fleurs d'acacia

• 250 g de farine • 1 œuf + 2 blancs d'œufs
• 50 g de beurre • 3 cuillerées à soupe de cognac
• 15 cl de bière • une ou deux poignées de fleurs d'acacia
• environ 100 g de sucre en poudre • sel

Dans une terrine, versez la farine. Ajoutez 1 pincée de sel, 1 œuf, le beurre fondu, la moitié du cognac et la bière. Mélangez le tout avec un batteur électrique jusqu'à obtenir une pâte homogène de consistance assez fluide (si besoin, rajoutez un peu de bière).

Mettez à reposer pendant 1 heure dans la partie basse du réfrigérateur.

Pendant ce temps, mettez les fleurs d'acacia dans un saladier. Ajoutez 50 g de sucre en poudre et le reste de cognac. Mélangez délicatement puis couvrez de papier aluminium et. Laissez reposer dans le bas du réfrigérateur pendant le même temps que la pâte.

Juste au moment d'utiliser ces appareils, battez en neige ferme dans un saladier les blancs d'œufs avec une pincée de sel. Incorporez à la pâte, délicatement.

Plongez alors les petits bouquets de fleurs d'acacia dans cette préparation.

Plongez-les ensuite dans la friteuse avec l'huile bien chaude. Laissez gonfler et dorer.

Retirez les beignets avec une écumoire et mettez-les à égoutter sur du papier absorbant en gardant le plat au chaud.

Sucrez et servez aussitôt.

Il est rare que l'on trouve des fleurs d'acacia sur les marchés ouverts. Mais vous n'aurez aucun mal à en trouver dans la nature, et vous pourrez récolter les grappes de fleurs, au parfum si caractéristique, au printemps et l'été.

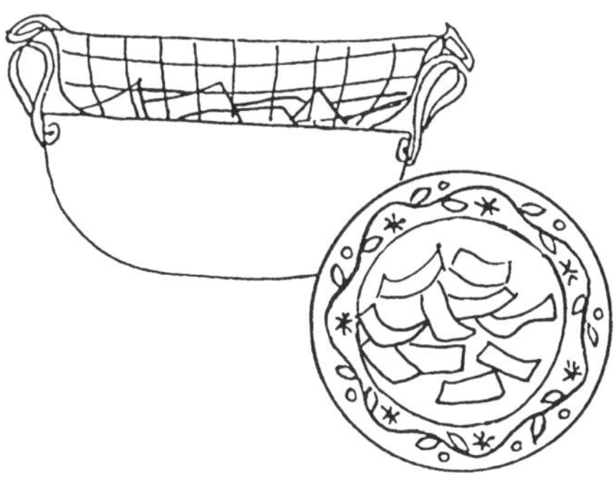

Biscuit roulé
Gerollter Biskuit

* 120 *g de farine* • 4 *œufs*
* 150 *g de sucre en poudre* • 30 *g de beurre*
* *sucre glace* • *sel* • *confiture* (*au choix*)

Mettez le sucre en poudre et les jaunes d'œufs dans une terrine. Battez au fouet électrique jusqu'à obtenir un mélange mousseux et blanchâtre.

Dans un saladier, montez en neige ferme au fouet électrique les blancs d'œufs auxquels vous aurez ajouté une pincée de sel.

Incorporez peu à peu la farine aux jaunes d'œufs, puis, délicatement, les blancs en neige en soulevant la pâte doucement à l'aide d'une spatule en bois.

Beurrez une feuille de papier sulfurisé et posez-la sur la plaque du four. Versez la pâte sur cette feuille sur une épaisseur d'un centimètre environ. Égalisez.

Mettez dans le four préchauffé à Th 8/9 pendant 10 minutes maximum.

Sortez alors le biscuit du four et renversez-le aussitôt sur un torchon propre très légèrement humidifié. Attendez 5 ou 6 minutes avant de retirer le papier sulfurisé.

Étalez alors la confiture sur le biscuit et roulez-le rapidement en veillant à ne pas le casser.

Saupoudrez de sucre glace. Laisser refroidir complètement avant de servir.

Rapidité : tel est le maître mot pour la réalisation de ce biscuit. Il faut que la cuisson soit rapide, d'où la nécessité d'enfourner à four très chaud. Autre nécessité : l'humidité. Pour pouvoir le rouler plus facilement sans risque de le casser, il convient de ne pas laisser le biscuit se dessécher après la sortie du four. D'où le conseil de ne pas retirer tout de suite la feuille de papier sulfurisé.

Tarte aux myrtilles (recette rapide)
Heidelbeereküeche

La myrtille est la variété montagnarde de l'airelle. Cette baie de couleur bleue se trouve dans les sous-bois des régions montagneuses, et vous avez peut-être la chance de pouvoir préparer la récolte que vous avez ramassée en famille lors d'une de vos balades dans la forêt vosgienne (attention aux taches sur les vêtements !). Sinon, vous pouvez utiliser les myrtilles que l'on trouve dans les rayons surgelés du commerce.

- *600 g de myrtilles*
- *250 g de pâte brisée fraîche ou surgelée*
- *100 g de sucre en poudre*
- *50 g de beurre*

Si vous utilisez les myrtilles cueillies en forêt, lavez-les et égouttez-les. Si vous utilisez des myrtilles surgelées, laissez-les d'abord dégeler.

Saupoudrez avec la moitié du sucre en poudre.

Allumez le four à Th 6/7.

Beurrez et farinez un moule à tarte. Foncez ce moule avec la pâte brisée. Piquez le fond avec la pointe d'une fourchette. Étalez une épaisse couche de myrtilles.

Mettez au four pendant 35 minutes.

Démoulez au sortir du four. Saupoudrez avec le reste de sucre et laissez refroidir.

Servez avec de la crème fraîche.

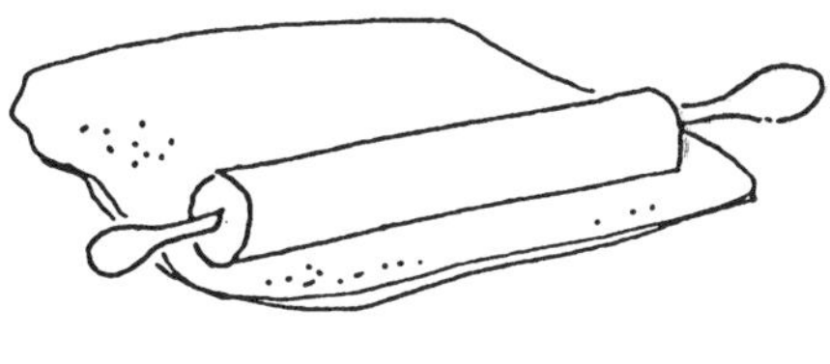

Tarte aux myrtilles (recette plus élaborée)

• 600 g de myrtilles (fraîches ou surgelées)
• 150 g de sucre en poudre
• 150 g de crème fraîche • 4 œufs
• 300 g de farine • 200 g de beurre
• 50 g de chapelure • eau • sel

Préparez la pâte à tarte : dans une terrine, mélangez la farine, 25 g de sucre et le sel.

Incorporez ensuite en fouettant énergiquement 150 g de beurre ramolli et deux ou trois cuillerées à soupe d'eau. Vous devez obtenir une pâte lisse ne collant pas aux branches du fouet. Laissez-la reposer une heure dans le bas du réfrigérateur.

Allumez le four Th 7/8.

Dans une grande terrine, mettez les œufs et 125 g de sucre. Battez rapidement au fouet électrique jusqu'à obtenir un mélange blanchâtre et mousseux. Incorporez alors la crème fraîche sans cesser de battre mais à une vitesse plus lente.

Sortez la pâte du réfrigérateur. Étalez-la au rouleau en une fine abaisse. Beurrez un moule à tarte à fond démontable et foncez avec la pâte.

Piquez le fond avec la pointe d'une fourchette, puis répandez la chapelure sur toute la surface. Recouvrez avec les myrtilles.

Mettez à cuire pendant une vingtaine de minutes.

Retirez du four. Baissez à Th 5/6. Versez aussitôt la préparation contenue dans la terrine et remettez au four une quinzaine de minutes.

Démoulez dès la sortie du four. Laissez refroidir. Servez.

Tarte aux mirabelles
Mirabellaküeche

Cette variante présente la particularité de ne nécessiter aucun moule. Il suffit de mettre la tarte au four, directement sur la plaque de cuisson. Un peu de vaisselle en moins pour la cuisinière (ou le cuisinier), mais le même régal pour les gourmets gourmands !

Pour 8 *personnes*

• 400 *g de pâte brisée surgelée* • 1 *kg de mirabelles bien mûres*
• 0,5 *litre de lait* • 6 *jaunes d'œufs*
• 200 *g de sucre en poudre* • 80 *g de farine* • *sel*

Lavez les mirabelles, essuyez-les. Dénoyautez-les. Réservez.

Dans une casserole, versez le lait, ajoutez une pincée de sel et amenez doucement à ébullition.

Mettez les jaunes d'œufs et le sucre dans un saladier. Travaillez au fouet électrique jusqu'à obtenir un mélange blanchâtre. Ajoutez alors la farine. Mélangez puis, sans cesser de tourner, versez dessus le lait bouillant.

Versez cet appareil dans la casserole. Laisser cuire à feu doux 5 minutes sans cesser de tourner avec un fouet. Laisser ensuite tiédir ce mélange.

Abaissez la pâte sur une épaisseur d'un demi-centimètre. Posez-la sur la tôle du four beurrée et légèrement farinée. Repliez les côtés en bourrelet de 2 ou 3 cm (soudez les angles en humectant la pâte avec un peu d'eau froide). Versez-y ensuite la préparation, dans laquelle vous disposez les mirabelles. Mettez dans le four préalablement chauffé Th 6/7 pendant 45 minutes.

Déposer sur une grille. Saupoudrez de sucre en poudre. Laissez refroidir avant de servir.

Tarte aux quetsches
Quatschaküeche

• 300 g de pâte brisée surgelée
• 1 kg de quetsches • 280 g de sucre en poudre
• 30 g de farine • 15 g de cannelle en poudre • 1 œuf

Lavez les quetsches, essuyez-les et coupez-les en deux en retirant le noyau. Réservez.

Étalez la pâte au rouleau sur un plan de travail fariné. Foncez un plat à tarte préalablement beurré. Piquez le fond de tarte avec la pointe d'une fourchette.

Dans un bol, battez énergiquement au fouet l'œuf entier avec 10 g de sucre en poudre et une pincée de cannelle. Badigeonnez la pâte avec ce mélange.

Mettez les quetsches dans un grand saladier, ajoutez 250 g de sucre, la farine et le reste de cannelle. Mélangez délicatement pour bien enrober les fruits.

Disposez ces derniers sur la pâte. Mettez au four préalablement préchauffé Th 6/7 pendant 45 minutes.

Démoulez dès la sortie du four, posez sur une grille. Laissez refroidir.

Juste avant de servir, saupoudrez avec le reste de sucre.

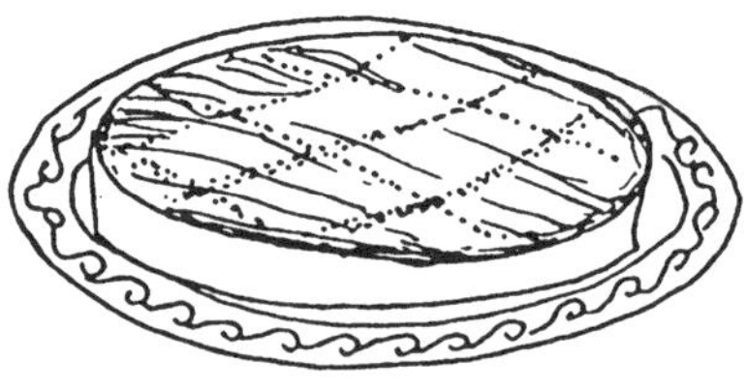

Tarte à la rhubarbe
Rhabarwerküeche

• 300 g de pâte brisée surgelée
• 300 g de côtes de rhubarbe • 80 g de sucre en poudre
• 4 œufs • 15 cl de lait • 20 cl de crème fraîche

Épluchez soigneusement les côtes de rhubarbe. Coupez-les en morceaux.

Plongez-les 5 minutes dans une casserole d'eau bouillante. Égouttez.

Étalez la pâte au rouleau sur un plan de travail fariné. Foncez un moule à tarte préalablement beurré. Piquez le fond avec les dents d'une fourchette. Garnissez avec les morceaux de rhubarbe.

Dans un grand bol, mettez les œufs et le sucre. Fouettez énergiquement jusqu'à obtenir un mélange blanchâtre et mousseux. Incorporez alors le lait et la crème fraîche. Versez cet appareil sur les morceaux de rhubarbe.

Mettez à cuire dans le four préalablement chauffé Th 6/7 pendant 30 minutes environ.

Dès la sortie du four, saupoudrez de sucre. Démoulez et attendez que la tarte soit complètement refroidie avant de servir.

Tarte aux raisins muscats
Muscattriewelküeche

• 300 g de pâte brisée fraîche ou surgelée
• 500 g de raisins muscats • 3 œufs
• 20 cl de crème fraîche • 3 cuillerées à soupe de chapelure
• 30 g de beurre • 50 g de sucre en poudre
• une cuillerée à soupe de farine

Abaissez la pâte en une fine abaisse.

Foncez un moule à tarte beurré et fariné et ourlez le bord de la pâte. Piquez le fond avec les dents d'une fourchette.

Dans un saladier, cassez les œufs et battez-les en omelette. Ajoutez la crème fraîche, le sucre, la chapelure. Mélangez soigneusement.

Égrappez les raisins. Fendez chaque grain avec un couteau tranchant pour éviter leur éclatement à la cuisson. Disposez-les sur le fond de tarte. Versez par-dessus la préparation.

Mettez à four préchauffé Th 6/7 pendant 30 minutes.

Sortez du four et servez tiède dans le moule de cuisson.

Tarte au fromage blanc
Kaskücche

• 350 *g de fromage blanc* • 250 *g de farine*
• 180 *g de beurre* • 120 *g de sucre en poudre* • 5 *œufs* • 30 *cl de lait*
• 100 *g de Maïzena ou de fécule de pomme de terre*
• *le zeste râpé d'un citron* • 2 *pincées de sel* • *sucre glace*

Versez la farine dans un saladier. Ajoutez 1 jaune d'œuf, 30 g de sucre, 120 g de beurre ramolli, une pincée de sel et 10 cl d'eau. Mélangez au fouet électrique à pâte. Laissez reposer 1 heure au réfrigérateur.

Étalez alors au rouleau en une abaisse fine et foncez un moule à tarte assez haut préalablement beurré et légèrement fariné. Piquez le fond avec les dents d'une fourchette.

Dans un grand saladier, versez le fromage blanc et 4 jaunes d'œufs (réservez les blancs). Travaillez au fouet électrique à petite vitesse jusqu'à obtenir un mélange onctueux. Ajoutez le reste de sucre, le lait, la Maïzena (ou la fécule) et le zeste de citron râpé. Mélangez soigneusement.

À part, versez les quatre blancs d'œufs avec une pincée de sel. Montez-les en neige ferme au fouet électrique.

Incorporez délicatement au fromage blanc avec une spatule. Versez cet appareil dans le fond de tarte.

Mettez à four préchauffé à Th 6/7 pendant 30 minutes.

Sortez du four et retournez la tarte sur une grille fine (cela pour éviter son affaissement). Lorsqu'elle est froide, retournez-la sur un plat de service et saupoudrez de sucre glace.

Strudel aux pommes
Apfelstrudel

Pour la pâte :
• 300 *g de farine* • 2 *œufs*
• 80 *g de beurre* • 20 *g de sucre en poudre* • *sel* • *eau*
Garniture :
• 500 *de pommes à chair ferme* • 50 *g de cerneaux de noix*
• 50 *g d'amandes* • 50 *g de noisettes*
• 50 *g de raisins secs* • 1 *citron*
• 100 *g de beurre* • 3 *cuillerées à soupe de sucre en poudre*
• 3 *cuillerées à soupe de chapelure* • 1 *pincée de cannelle*
• *le jaune de l'œuf* • *le jus de 2 citrons* • *sucre glace*

Préparez la pâte : dans un grand saladier, versez la farine et creusez un puits au centre. Ajoutez le sucre, les blancs d'œufs (réservez les jaunes), 50 g de beurre ramolli, 2 cl d'eau et une pincée de sel. Mélangez soigneusement et pétrissez fermement la pâte obtenue. Formez une boule et laissez-la reposer 1 heure, enveloppée dans un torchon, dans le bas du réfrigérateur.

Pendant ce temps, pelez les pommes et coupez-les en tranches fines. Arrosez-les de jus de citron (conservez le zeste).

Coupez les fruits secs en petits morceaux. Mettez les raisins secs à tremper dans un peu d'eau ; égouttez.

Faites revenir la chapelure dans un peu de beurre.

Abaissez la pâte sur un plan de travail fariné. Formez un grand rectangle. Badigeonnez avec le reste de beurre fondu. Déposez sur cette pâte (en veillant à laisser une bordure de 2 à 3 cm sur chaque bord) les morceaux de pommes, la chapelure, les fruits secs et les raisins, le sucre, la cannelle et le zeste râpé du citron.

Roulez la pâte sur elle-même et coupez les extrémités. Badigeonnez avec les jaunes d'œufs battus.

Posez sur la plaque beurrée et mettez au four. Au bout d'une quinzaine de minutes, baissez la température du four à Th 5/6. Laissez 45 minutes.

Sortez le gâteau du four, laissez-le refroidir sur une grille. Au moment de servir, saupoudrez de sucre glace.

Strudel à la rhubarbe
Rhabarwerstrudel

• 300 g de farine • 100 g de beurre
• 600 g de rhubarbe • 150 g de sucre en poudre
• 1 œuf • 1/2 citron • 1 cuillerée à café de cannelle en poudre
• sucre glace • sel

Versez 250 g de farine dans un saladier. Creusez un puits et ajoutez l'œuf, le jus du demi-citron, une pincée de sel et 3 cuillerées à soupe d'eau. Mélangez à la main et ramassez en boule (si elle vous semble trop sèche, rajoutez une cuillerée d'eau).

Pétrissez cette boule sur un plan de travail fariné en la repliant plusieurs fois sur elle-même. Cette opération demande plusieurs minutes de travail pour obtenir une pâte bien élastique. Laissez ensuite reposer au moins 3 heures dans un endroit frais.

Pendant ce temps, ôtez les fils des côtes de rhubarbe. Coupez en petits morceaux et mettez-les à cuire 3 minutes dans de l'eau bouillante. Passez sous l'eau froide pour arrêter la cuisson, égouttez, puis mettez-les à cuire dans une poêle sur feu doux avec le sucre pendant 15 minutes environ.

Étalez la pâte en une fine abaisse. Couvrez d'un linge humide et laissez reposer 20 minutes.

Glissez les mains sous l'abaisse. En partant du centre, étirez-la sur tous les côtés de façon à la rendre très fine.

Badigeonnez avec le beurre fondu. Répartissez les morceaux de rhubarbe et saupoudrez de cannelle.

Roulez alors délicatement la pâte sur elle-même. Posez sur la plaque légèrement beurrée. Badigeonnez le gâteau avec le reste de beurre fondu et mettez à cuire dans le four préalablement chauffé à Th 6/7 pendant 45 minutes.

Sortez du four. Saupoudrez de sucre glace et servez tiède.

Tourte aux groseilles
Kanzestrieweleküeche

• *400 g de farine* • *225 g de beurre*
• *500 g de groseilles (fraîches ou surgelées)*
• *320 g de sucre en poudre* • *3 œufs + 1 jaune*
• *5 cl de lait* • *8 cuillerées à soupe de chapelure*
• *1/2 sachet de levure chimique* • *sel*

Dans un grand saladier, versez la farine et ajoutez 200 g de beurre ramolli, 70 g de sucre et 3 œufs entiers. Bien mélanger (ajouter quelques cuillerées à soupe d'eau pour obtenir une pâte homogène). Formez une boule, enfermez-la dans une feuille de papier aluminium et laissez reposer 1 heure dans le bas du réfrigérateur.

Divisez cette boule en deux parts inégales. Abaissez le plus gros sur environ 1/2 cm d'épaisseur sur un plan de travail fariné. Garnissez un moule à manqué beurré et légèrement fariné. Laissez reposer dans un endroit frais 30 minutes.

Lavez et égrenez les groseilles (si vous les avez achetées surgelées, laissez-les dégeler auparavant).

Mélangez 4 cuillerées à soupe de chapelure et 200 g de sucre. Étalez un tiers de ce mélange sur le fond de pâte, disposez les groseilles par-dessus. Saupoudrez avec le reste de sucre et de chapelure.

Abaissez le reste de pâte. Découpez dedans un couvercle aux dimensions du moule. Posez sur le fond garni et soudez les bords avec le jaune d'œuf délayé dans le lait.

Avec le reste de pâte, façonnez trois fines bandelettes, tressez-les. Soudez-les tout autour de la tourte avec le reste de jaune d'œuf et de lait.

Dorer le dessus de la tourte avec le jaune d'œuf. Tracez transversalement quelques croisillons.

Mettez au four préchauffé à Th 6/7 pendant 50 minutes.

Servez tiède, dans le moule de cuisson.

Cette tourte peut également être confectionnée avec des framboises, fraîches ou surgelées, en remplacement des groseilles.

Clafoutis aux myrtilles
Heidelbeerabattelmann

• *800 g de myrtilles* • *200 g de sucre en poudre*
• *80 g de beurre* • *60 g de farine*
• *20 cl de crème fraîche* • *3 œufs* • *sel*

Lavez les myrtilles et laissez égoutter dans une passoire.

Versez-les dans un grand saladier. Ajoutez 100 g de sucre, le beurre bien ramolli et la farine. Mélangez très délicatement. Laissez reposer 30 minutes.

Dans un bol, battez vigoureusement au fouet les œufs et le reste de sucre. Vous devez obtenir un mélange homogène blanchâtre et mousseux. Ajoutez alors la crème fraîche tout en fouettant encore pendant 1 minute.

Beurrez un moule à tarte assez haut, ou un moule à manqué.

Étalez les myrtilles dans ce moule, puis versez dessus la préparation du bol.

Mettez le moule à four chaud (Th 6) dans un récipient avec de l'eau pour que la cuisson se fasse au bain-marie. Laissez cuire 30 minutes.

Sortez le clafoutis. Servez tiède dans le moule de cuisson.

Linzer tarte
Linzertaart

• 250 *g de farine* • 350 *g de confiture de framboises*
• 60 *g de poudre d'amandes* • 200 *g de beurre*
• 5 *jaunes d'œufs* + 1 *œuf entier* • 60 *g de sucre glace*
• 1 *cuillerée à soupe de cannelle en poudre*
• 3 *barres de chocolat amer* • 1 *cuillerée à soupe d'alcool de framboise*

Dans une petite casserole, sur feu très doux, faites fondre les barres de chocolat avec un peu de beurre.

Dans un saladier, mélangez la farine, la poudre d'amandes, le sucre glace, la cannelle, les jaunes d'œufs, le beurre fondu et le chocolat fondu. Travaillez cet appareil au fouet électrique pendant 3 minutes.

Formez une boule, couvrez d'un linge et laissez reposer 1 heure dans un endroit frais.

Étalez ensuite les deux tiers de la pâte. Foncez un moule à tarte beurré et légèrement fariné. Versez la confiture mélangée avec l'alcool.

Étalez alors le reste de pâte en une fine abaisse. Découpez-la en bandes d'un demi-centimètre de large et décorez le dessus de la tarte en confectionnant des croisillons. Dorez avec l'œuf entier battu.

Mettez à four préchauffé Th 6/7 pendant 30 minutes.

Sortez du four, laissez refroidir avant de démouler.

Vous pouvez servir cette tarte tiède ou froide, et accompagnez de crème fraîche.

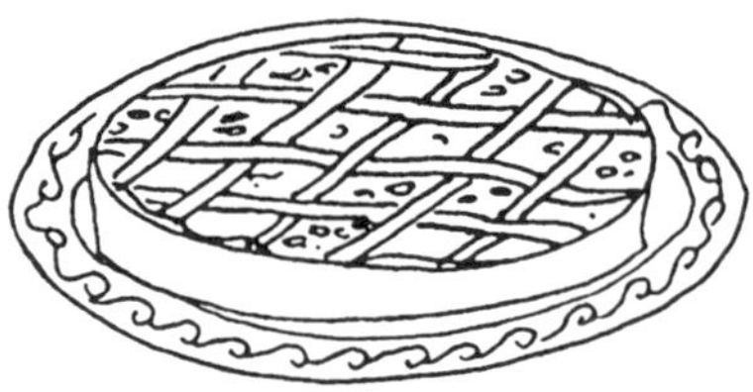

Linzer tarte (variante)

• 150 g de biscuits secs (type sablés) • 150 g de sucre en poudre
• 250 g de confiture de framboises • 150 g de beurre
• 150 g d'amandes avec leur peau • 50 g de farine
• 2 jaunes d'œufs durs + 1 jaune d'œuf cru
• 1/2 citron • 1 pincée de cannelle en poudre
• 1 clou de girofle • huile • sel

Réduisez en poudre les biscuits secs en les passant à la moulinette.

Dans un saladier, mélangez cette poudre avec la farine. Formez un puits et ajoutez le sucre et le beurre bien ramolli. Travaillez cette pâte quelques minutes.

Incorporez alors les jaunes d'œufs durs émiettés, le jaune d'œuf cru (réservez le blanc), le jus du citron et le zeste finement râpé, une pincée de sel, la cannelle, les amandes hachées avec leur peau et le clou de girofle réduit en poudre. Pétrissez en boule rapidement (la pâte ne doit pas devenir élastique).

Couvrez avec un linge et laissez reposer 2 heures dans la partie basse du réfrigérateur.

Étendez au rouleau les deux tiers de la pâte en formant un disque d'un diamètre supérieur à celui de la tourtière légèrement huilée dans laquelle vous le déposerez en laissant déborder de quelques centimètres tout autour. Rabattez ce rebord vers l'intérieur, piquez la pâte avec les dents d'une fourchette.

Mettez à four préchauffé à Th 6/7 pendant 15 minutes. Sortez du four et laissez refroidir.

Étalez alors la confiture de framboises sur le fond de tarte de la tourtière.

Étalez le reste de pâte au rouleau en une abaisse assez fine. Découpez avec une roulette des lanières. Disposez-les en les croisant sur le fond de tarte avec la confiture.

Battez au fouet le blanc d'œuf dans un petit bol. Badigeonnez-en la tarte et remettez-la au four pendant 20 minutes environ (il faut que la croûte prenne une belle couleur dorée).

Laissez refroidir dans le four éteint. Ne démoulez qu'ensuite.

Servez accompagné de crème fraîche.

Vacherin alsacien
Waacherin

Pour 12 *personnes*

• 20 *biscuits à la cuiller* • 12 *coques de meringue*
(*vous trouverez ces biscuits et ces coques soit chez votre boulanger, soit au rayon pâtisserie des grandes surfaces*) • 500 *g de framboises* • 500 *g de fraises*
• 50 *cl de crème fraîche* • 1,5 *litre de glace à la vanille* • 5 *cl de kirsch*
• 5 *cuillerées à soupe de gelée de groseilles* • 100 *g de sucre en poudre* • *sucre glace.*

Tapissez un moule à manqué d'une feuille de papier aluminium. Laissez déborder largement la feuille.

Émiettez les biscuits dans un grand saladier.

Fouettez 20 cl de crème fraîche en chantilly : mettez la crème dans un grand bol que vous aurez laissé au préalable dans le freezer du réfrigérateur. Ajoutez deux ou trois glaçons. Fouettez énergiquement et régulièrement pendant plusieurs minutes jusqu'à obtenir une crème onctueuse. Mélangez cette chantilly avec les biscuits. Étalez sur le fond du moule.

Mélangez délicatement les framboises, le sucre et 3 cl de kirsch. Versez dans le moule et recouvrez avec la glace légèrement ramollie. Bien étaler.

Posez les coques de meringue tout autour en les enfonçant légèrement dans la glace. Rabattez la feuille d'aluminium pour recouvrir. Mettez pendant 3 heures dans la partie haute du réfrigérateur.

Lavez les fraises avant de les équeuter. Essuyez-les délicatement. Faites fondre la gelée de groseilles au bain-marie. Battez au fouet le reste de crème fraîche et le reste de kirsch en ajoutant 2 glaçons jusqu'à obtenir un mélange onctueux. Mettez dans une poche à douille et réservez.

Démoulez le vacherin sur le plat de service, les meringues formant une couronne à la base.

Badigeonnez chaque fraise de gelée de groseilles. Disposez-les ensuite tout autour du vacherin, au-dessus des meringues. Continuez la décoration selon votre goût avec le reste des fraises et avec des petits tortillons de chantilly à l'aide de la poche à douille. Servez aussitôt.

Il est possible de conserver le vacherin au congélateur pendant 2 ou trois jours. Dans ce cas, procédez à la finition juste avant de le servir et laissez-le ramollir dans le réfrigérateur.

Cerises flambées au kirsch
Geflamti Kirsche

• 300 *g de griottes* • 100 *g de sucre de canne*
• 50 *g de beurre* • 20 *cl de pinot noir*
• 5 *cl de kirsch* • 2 *cuillerées à soupe de gelée de groseilles*
• *le zeste et le jus d'un citron*

Lavez et essuyez les griottes. Réservez.

Dans une petite poêle, mettez le sucre sur feu moyen jusqu'à ce qu'il prenne une couleur dorée.

Ajoutez alors le vin et le jus du citron, puis la gelée de groseilles. Remuez bien avec une spatule en bois pour amalgamer le tout. Ajoutez le beurre coupé en petits morceaux tout en remuant, et enfin le zeste de citron. Amenez à léger frémissement et laissez mijoter 3 minutes.

Versez les griottes dans cette préparation et laissez cuire 3 minutes à partir de la reprise de l'ébullition.

Dans une petite casserole, versez le kirsch. Faites chauffer sur feu doux puis enflammez-le. Versez alors sur les cerises et secouez légèrement la poêle jusqu'à ce que les flammes soient éteintes. Retirez le zeste de citron.

Répartissez les cerises et leur jus dans des petites coupelles et servez aussitôt.

Il est préférable de ne pas dénoyauter les griottes. En premier lieu, cela leur donne plus de goût ; en outre, elles se « défont » moins à la cuisson.

Soupe de cerises au kirsch
Kirschesupp met schnaps

• 500 g de cerises • 20 cl de kirsch
• 200 g de sucre en poudre
• 10 fines tranches de pain de campagne
• 20 cl de lait • 1/2 cuillerée à café de gingembre en poudre
• 3 œufs • 150 g de beurre • sucre glace

Lavez les cerises. Équeutez-les et essuyez-les.

Disposez-les dans un plat allant au four. Arrosez avec le kirsch et saupoudrez avec 150 g de sucre.

Battez au fouet les œufs avec le reste de sucre jusqu'à obtenir un mélange mousseux et blanchâtre. Versez le lait mélangé au gingembre dans cette préparation. Trempez-y les tranches de pain. Faites-les revenir rapidement dans une poêle avec le beurre. Disposez-les au-dessus des cerises en les faisant se chevaucher comme les écailles de poisson.

Mettez dans le four chaud (Th 6/7) pendant 30 minutes.

Sortez du four et saupoudrez de sucre glace. Servez tiède.

Gâteau de cerises au kirsch
Kirschküeche met schnaps

• *500 g de cerises* • *15 cl de crème fraîche*
• *280 g de farine* • *100 g de sucre en poudre*
• *3 œufs* • *20 g de beurre* • *1 sachet de levure chimique*
• *5 cl de kirsch* • *2 cuillerées à soupe de sucre glace*

Allumez le four à Th 5/6.

Lavez et égouttez les cerises équeutées. Ôtez les noyaux.

Dans une terrine, battez au fouet la crème fraîche et le sucre en poudre.

Dans un saladier, mélangez la farine et la levure. Incorporez les œufs un par un, puis la crème sucrée et le kirsch. Travaillez au fouet jusqu'à obtenir une pâte bien lisse.

À part, versez les blancs d'œufs. Ajoutez une pincée de sel et montez en neige ferme. Incorporez ensuite à la pâte, délicatement pour ne pas faire retomber l'ensemble.

Versez la moitié de cet appareil dans un moule à manqué préalablement beurré. Disposez les cerises sur le dessus. Recouvrir avec l'autre moitié de pâte.

Mettez au four pendant 40 minutes à feu moyen.

Démoulez dès la sortie du four et laissez refroidir sur une grille.

Saupoudrez de sucre glace à travers un chinois. Servir.

Petits pains au cumin
Kümmelwekala

• *300 g de farine* • *20 g de levure de boulanger*
• *20 cl de lait* • *1 cuillerée à café de sucre en poudre*
• *3 cuillerées à soupe de graines de cumin*
• *50 g de beurre* • *le zeste d'un citron*
• *1 œuf + 1 jaune* • *sel*

Écrasez la levure et faites-la dissoudre dans 5 cl de lait tiède.

Dans un saladier, mettez la farine, le sel, le sucre et la levure dissoute. Malaxez soigneusement. Laissez reposer 20 minutes environ dans un endroit tiède à l'abri des courants d'air.

Pendant ce temps, hachez 1 cuillerée à soupe de graines de cumin (un moulin à café électrique fera parfaitement l'affaire). Mélangez avec 20 g de beurre et le zeste du citron râpé.

Incorporez à la pâte avec l'œuf entier. Travaillez jusqu'à ce que la pâte se détache bien. Laissez reposer 45 minutes.

Allumez le four à Th 7/8. Avec la pâte, façonnez des petites boules rondes. Déposez-les sur la plaque du four beurrée en les espaçant. Laissez reposer encore 10 minutes.

Délayez le jaune d'œuf dans le reste de lait en ajoutant une pincée de sel. Badigeonnez les boules avec ce mélange. Parsemez avec le reste des graines de cumin. Enfournez et laissez cuire 30 minutes.

Laissez refroidir.

Servez au petit-déjeuner avec du beurre et de la confiture, ou, accompagnés d'une marmelade, au goûter.

Biscuits du Rhin
Rhinbredele

Pour une trentaine de biscuits :
• 300 *g de farine* • 170 *g de beurre*
• 125 *g de sucre en poudre* • 1 *œuf*
• *le zeste d'un citron* • 1 *pincée de cannelle en poudre*
• 1 *clou de girofle* • 1/2 *verre de lait* • *sel*

Dans un saladier, versez 250 g de farine. Creusez un puits, et mettez 150 g de beurre ramolli et coupé en petits morceaux, le sucre, l'œuf entier, le zeste de citron râpé, le sel, la cannelle et le clou de girofle réduit en poudre.

Travaillez quelques minutes à la main. Versez le lait et continuez à travailler cet appareil jusqu'à obtenir une pâte homogène. Façonnez en boule. Couvrez avec un torchon et laissez reposer dans un endroit tiède pendant 1 heure environ.

Allumez le four à Th 6/7.

Farinez le plan de travail avec le reste de farine. Étendez la pâte au rouleau sur 1/2 cm d'épaisseur. Découpez dans cette pâte des rondelles à l'aide d'un verre renversé (trempez auparavant les bords de ce verre dans de la farine de façon que la pâte n'adhère pas).

Disposez ces rondelles sur la tôle du four légèrement beurrée et farinée. Bien espacer.

Cuire à four chaud pendant environ 20 minutes jusqu'à ce que les biscuits soient bien dorés.

Vous pouvez conserver ces biscuits dans une boîte en fer fermée, ou dans un récipient en matière plastique clos hermétiquement.

Pain de fruits secs
Bierewecke

Pour la pâte :
• 300 *g de farine* • 20 *g de levure* • 4 *cuillerées à soupe de lait tiède*
• 2 *œufs* • 50 *g de sucre* • 100 *g de beurre*
Fruits :
• 500 *g de poires séchées* • 200 *g de prunes séchées* • 150 *g de figues séchées*
• 150 *g d'abricots séchés* • 150 *g de dattes* • 150 *g de raisins secs*
• 100 *g d'écorce de citron confite* • 100 *g d'écorce d'orange confite*
• 150 *g de cerneaux de noix* • 100 *g de noisettes*
• 100 *g d'amandes hachées* • 1 *cuillerée à café de cannelle en poudre*
• 5 *clous de girofle réduits en poudre* • 2 *pincées de muscade*
• 1 *cuillerée à café d'anis en poudre* • 20 *cl d'eau-de-vie* • 100 *g de sucre en poudre*
Finition :
2 *jaunes d'œufs* • *sucre glace.*

La veille : faites cuire les poires et les prunes dans un peu d'eau pendant une dizaine de minutes pour les faire gonfler.

Égouttez-les et coupez-les en lanières. Coupez de la même façon les figues, les dattes, les écorces d'orange et de citron. Mettez dans un bol et ajoutez l'eau-de-vie ainsi que les épices. Laissez macérer toute la nuit.

Hachez les cerneaux de noix, les amandes et les noisettes. Mélangez avec les fruits macérés et l'eau-de-vie et ajoutez les raisins secs. Réservez.

Préparez la pâte : versez la farine dans un grand saladier. Creusez un puits au centre. Ajoutez la levure émiettée dans le lait tiède, les œufs, le sucre et le beurre ramolli. Malaxez jusqu'à obtenir une pâte homogène et lisse. Couvrez d'un linge et laissez reposer au moins 1 heure dans la partie basse du réfrigérateur.

Préchauffez le four à Th 6/7.

Mélangez soigneusement tous les fruits à la pâte. Formez un pain de forme ovale et légèrement aplati. Badigeonnez toute la surface avec les jaunes d'œufs battus.

Mettez sur la tôle à pâtisserie beurrée et enfournez pendant 1 heure.

Sortir en fin de cuisson. Laissez refroidir et saupoudrez de sucre glace.

Le bierewecke est un gâteau qui se bonifie avec le temps : conservez-le dans un endroit frais soigneusement emballé dans du papier d'aluminium, ou enfermé dans une boîte métallique. Vous pouvez le servir une dizaine de jours après, coupé en fines tranches. Il n'en sera que meilleur…

Bierewecke (variante)

• 800 g de farine • 3 œufs
• 400 g de beurre • 2 sachets de levure de boulanger
• 150 g de sucre en poudre • 100 g de raisins de Corinthe
• 100 g de raisins de Smyrne • 50 g d'écorce d'orange
• 50 g d'écorce de citron • 100 g d'amandes hachées
• 1 cuillerée à soupe d'eau de fleur d'oranger
• 15 cl de lait • sel • sucre glace

Dans une grande terrine, mélangez la farine, la levure émiettée, 100 g de sucre, l'eau de fleur d'oranger et deux pincées de sel. Ajoutez 300 g de beurre bien ramolli, les œufs entiers et le lait. Mixez cet appareil avec les fouets à pâte du batteur électrique pour bien amalgamer l'ensemble. Battez ensuite quelques minutes à la main en soulevant la pâte.

Incorporez les raisins secs préalablement mis à tremper dans de l'eau tiède et égouttés, les amandes, les zestes d'orange et de citron hachés. Continuez à mélanger pendant 2 à 3 minutes.

Couvrez alors d'un linge et mettez dans un endroit frais durant 1 heure. Retravaillez alors la pâte quelques minutes et laissez à nouveau reposer 30 minutes.

Posez la pâte sur un plan de travail légèrement fariné. Pétrissez-la quelques minutes puis abaissez-la au rouleau en formant un grand rectangle. Rabattez deux des côtés opposés en les faisant se rejoindre. Posez sur la tôle à pâtisserie beurrée et farinée. Laissez gonfler 30 minutes. Mettez alors dans le four préalablement chauffé Th 6/7 pendant 1 heure.

Sortez le pain et badigeonnez-le aussitôt avec le reste de beurre fondu. Saupoudrez avec le reste de sucre en poudre puis avec du sucre glace.

Nous l'avons dit, ce gâteau se conserve une bonne dizaine de jours, et n'en devient que meilleur. Il est possible d'allonger encore le temps de conservation en augmentant la quantité de beurre servant à le badigeonner à la sortie du four.

Tresse de Pâques
Osterzopf

Pour 8 personnes

• *500 g de farine* • *150 g de beurre*
• *30 g de levure de boulanger* • *100 g de sucre en poudre*
• *5 œufs + 1 jaune* • *15 cl de lait*
• *1 zeste de citron* • *1 cuillerée à soupe de graines de sésame*
• *7 ou 8 grosses cerises confites* • *sel*

Faites dissoudre la levure émiettée dans le lait tiède. Ajoutez une pincée de sucre en poudre et un peu de farine. Formez une boule de pâte molle (le levain). Couvrez avec un torchon et laissez 40 minutes dans un endroit tiède à l'abri des courants d'air.

Dans une grande terrine, mélangez la farine, le sel et le sucre. Incorporez les œufs entiers, 130 g de beurre ramolli, le zeste de citron râpé et le levain. Mélangez bien tout cet appareil et battez en soulevant pour obtenir une pâte homogène se détachant bien de vos doigts (si besoin, rajoutez un tout petit peu de farine). Couvrez avec un torchon et laissez reposer dans un endroit tiède à l'abri des courants d'air pendant 2 heures (la pâte doit doubler de volume).

Travaillez-la alors à la main en la pétrissant pendant 5 minutes.

Coupez-la en trois morceaux égaux que vous roulez pour former trois boudins réguliers. Tressez-les. Soudez les extrémités en les mouillant légèrement.

Posez cette tresse sur la plaque du four beurrée et farinée. Sur la surface, avec le pouce, formez huit petites cavités (dans lesquelles vous placerez les grosses cerises confites après cuisson) et enfoncez-y légèrement des boules de papier aluminium.

Laissez lever encore 30 minutes. Badigeonnez avec le jaune d'œuf mélangé avec une cuillerée à soupe de lait. Parsemez la tresse des graines de sésame. Mettez à four moyen (Th 5/6) pendant 40 minutes.

Sortez du four. Retirez délicatement les boules de papier aluminium et posez à la place les cerises confites. Laissez refroidir.

Agneau de Pâques
Osterlammele

Ce gâteau nécessite que vous possédiez un moule en terre (à moins que vous ne dénichiez un moule en métal, comme dans l'ancien temps) démontable ayant la forme d'un agneau. Succès assuré auprès des enfants !

• 120 g de farine • 3 œufs • 100 g de sucre en poudre
• 1 sachet de levure chimique • 30 g de beurre
• 3 cuillerées à soupe d'eau-de-vie (mirabelle ou quetsche)
• sucre glace • sel

Dans un saladier, mélangez au fouet les œufs entiers, le sucre et une cuillerée à soupe d'eau. Mettez ce saladier dans une grande casserole avec de l'eau, chauffez au bain-marie et battez pour obtenir un mélange onctueux.

Retirez du feu et incorporez à ce mélange la farine, la levure et l'eau-de-vie en mélangeant bien.

Mettez le four à préchauffer à Th 6/7 pendant 10 minutes.

Pendant ce temps, beurrez le moule et versez-y la pâte. Mettez alors à cuire pendant 45 minutes.

Sortez du four et laissez tiédir quelques minutes. Démoulez.

Quand le gâteau est froid, saupoudrez de sucre glace. Servez.

Pain d'épice
Labküeche

• 400 g de farine de seigle • 350 g de miel de sapin
• 2 sachets de levure chimique • 2 œufs • 30 g de beurre
• 100 g d'écorces d'oranges confites
• 100 g d'écorces de citrons confits
• 1 cuillerée à café de graines d'anis pilées
• 2 cuillerées à café de cannelle en poudre
• 4 clous de girofle réduits en poudre
• 1 cuillerée à café de gingembre
• 1/2 cuillerée à café de muscade en poudre

Dans une casserole, portez lentement le miel à ébullition. Écumez au fur et à mesure la mousse blanche qui se forme.

Dans un saladier, versez la farine, ajoutez le miel chaud. Mélangez soigneusement puis pétrissez jusqu'à obtenir une pâte épaisse et homogène.

Ajoutez alors les œufs, la levure et les épices, puis les écorces d'agrumes coupées en petits morceaux. Mélangez longuement. Laissez reposer 1 heure.

Versez la pâte dans un moule à cake beurré et mettez à cuire dans le four préchauffé à Th 6/7 pendant 45 minutes.

Démoulez et laissez refroidir. Servir en coupant des tranches fines (ce sera plus facile au couteau électrique).

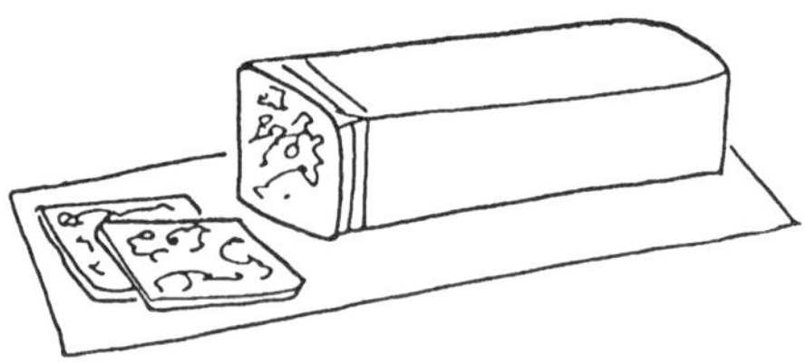

Petits pains d'épice

• 500 *g de miel* • 700 *g de farine* • 250 *g de sucre en poudre* • 4 *œufs*
• 250 *g de poudre d'amandes* • 1 *sachet de levure chimique*
• 2 *cuillerées à café de cannelle en poudre* • 1/2 *cuillerée à café de muscade râpée*
• 2 *clous de girofle réduits en poudre* • 150 *g de zestes de citron et d'orange*
• 150 *g de cerises confites* • 2 *bâtons d'angélique confite*
• 100 *g d'amandes entières pelées* • 30 *g de beurre* • 15 *cl de lait*

Dans une casserole, portez lentement le miel à ébullition. Ajoutez le sucre en poudre tout en remuant à l'aide d'une spatule en bois. Laissez 2 minutes à légers frémissements. Réservez. Pendant ce temps, mélangez la farine et la levure. Ajoutez la poudre d'amandes, les épices, les zestes de fruits hachés et enfin les œufs. Versez le contenu de la casserole sur ce mélange. Remuez. Vous devez obtenir une pâte souple et collante.

Formez une boule, mettez-la dans un saladier, couvrez d'un linge et laissez reposer 1 heure dans le bas du réfrigérateur.

Aplatissez-la alors au rouleau sur une surface anti-adhésive. Posez-la sur la plaque du four légèrement beurrée. Enduisez la surface de la pâte avec le lait à l'aide d'un pinceau. Dessinez des carrés de 5 cm en incisant légèrement la pâte avec la pointe d'un couteau. Décorez chaque carré en plaçant une demi-cerise confite au centre avec autour, comme des pétales, des amandes et des morceaux d'angélique.

Mettez dans le four préalablement chauffé à Th 5/6 pendant 40 minutes.

Sortez du four et laissez reposer 10 minutes. Découpez les carrés en suivant les incisions. Laissez refroidir pendant au moins 1 heure. Enfermez ensuite dans une boîte en fer ou dans un récipient plastique type Tupperware. Il est ainsi possible de conserver les petits gâteaux pendant une quinzaine de jours.

Étoiles aux amandes et à la cannelle
Zimtsterne met Mandle

Pour 8 à 10 personnes

• 500 *g de beurre* • 500 *g de sucre*
• 500 *g d'amandes en poudre* • 6 *œufs*
• 700 *g de farine* • 30 *g de cannelle en poudre*
• 1/2 *cuillerée à café de clous de girofle en poudre*
• *sucre glace* • *alcool de fruits*

Dans un saladier, battez au fouet électrique les œufs et le sucre jusqu'à obtenir un mélange mousseux et blanchâtre.

Ajoutez alors le beurre ramolli et la farine sans cesser de battre. Puis incorporez les amandes, la cannelle et les clous de girofle en poudre. Pétrissez soigneusement, ramassez la pâte en boule et laissez reposer 5 heures dans un endroit frais (ou dans la partie basse du réfrigérateur).

Roulez la pâte en une abaisse de 5 cm d'épaisseur. Découpez à l'aide d'un emporte-pièce en forme d'étoile.

Disposez-les sur la tôle à pâtisserie du four beurrée. Laissez cuire à chaleur moyenne (Th 5/6) pendant 15 minutes.

Retirez du four. Dans un bol, délayez le sucre glace dans un peu d'alcool de fruits. Enduisez chaque étoile avec ce mélange. Laissez refroidir. Mettez dans une boîte en fer ou dans un Tupperware et fermez.

Petits gâteaux à l'anis
Anisbredle

Pour 8 *à* 10 *personnes*

• 600 *g de farine* • 500 *g de sucre* • 6 *œufs* • 2 *cuillerées de graines d'anis*

Dans un saladier, battez au fouet les œufs et le sucre. Le mélange doit être mousseux et blanchâtre.

Ajoutez alors la farine et les graines d'anis. Continuez à battre pendant encore 5 minutes.

Sur la tôle à pâtisserie du four beurrée et farinée, disposez des petits tas de pâte à l'aide d'une cuiller. Laissez sécher plusieurs heures.

Allumez alors le four à Th 5/6. Laissez cuire 10 minutes.

Petits gâteaux aux amandes
Mandelbredle

• 300 *g de farine* • 500 *g de sucre* • 200 *g de beurre* • 6 *œufs*
• 400 *g de poudre d'amandes* • 1/2 *paquet de levure chimique*
• 2 *sachets de sucre vanillé* • *sel*

Battez au fouet 150 g de sucre et les jaunes d'œufs jusqu'à obtenir un mélange mousseux et blanchâtre. Ajoutez le beurre ramolli, la farine, le sucre vanillé, la levure et 1 ou 2 cuillerées d'eau. Mélangez pour obtenir une pâte lisse.

Beurrez la tôle à pâtisserie du four et étendez dessus la pâte sur une épaisseur d'un demi-centimètre.

Dans un saladier, montez au fouet les blancs d'œufs et une pincée de sel. Incorporez le reste de sucre, la poudre d'amandes. À l'aide d'une spatule, répartissez cet appareil sur la pâte.

Mettez au four préchauffé à Th 5/6 pendant 30 minutes.

Sortez du four. Découpez la pâte en carrés ou en losanges. Laissez refroidir.

Conservez dans une boîte en fer ou un Tupperware fermant hermétiquement.

Crêpes aux amandes
Mandelkiechle

• 200 g de farine • 30 cl de lait
• 5 œufs • 150 g d'amandes effilées
• 80 g de sucre en poudre • 80 g de beurre
• 4 belles pommes à la chair ferme
• 50 g de sucre en poudre • 2 citrons
• 35 cl de crème fraîche • 50 g de sucre glace • sel

Épluchez les pommes. Coupez-les en tranches fines et arrosez-les avec le jus des citrons pour éviter qu'elles noircissent (conservez le zeste des citrons).

Faites confire ce zeste sur feu vif, pendant une dizaine de minutes, avec 40 g de sucre et 3 ou 4 cuillerées à soupe d'eau. Égouttez et réservez.

Dans un saladier, mélangez la farine et le lait. Incorporez ensuite les jaunes d'œufs et une pincée de sel. Travaillez jusqu'à obtenir une pâte lisse.

Montez les blancs d'œufs en neige ferme en les battant fermement au fouet avec une pincée de sel. Ajoutez délicatement le reste de sucre. Incorporez ce mélange à la pâte.

Dans une poêle, faites chauffer une noix de beurre. Mettez quelques amandes effilées et versez dessus une louche de pâte à crêpe. Laissez cuire sur feu moyen 2 minutes environ. Posez la crêpe sur une assiette. Recommencez jusqu'à épuisement de la pâte.

Dans un récipient que vous aviez placé au freezer, battez alors la crème fraîche avec le sucre glace et 2 ou 3 glaçons. Vous devez obtenir une chantilly onctueuse.

Servez les crêpes en les décorant avec des tranches de pommes et une cuillerée de chantilly.

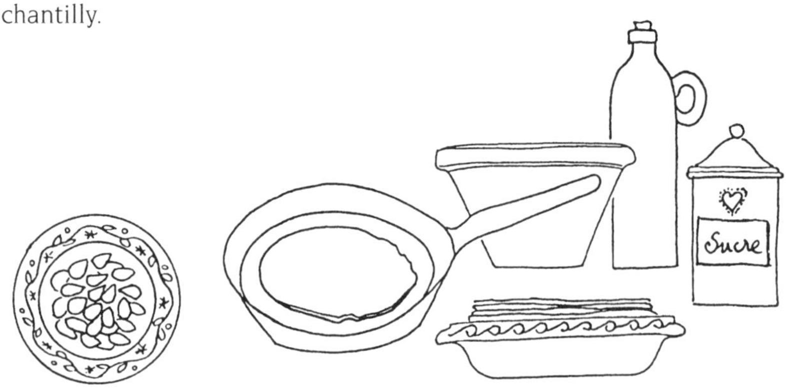

Crêpes à l'orange
Eierküeche met Oräsche

Pour une vingtaine de crêpes :
• *400 g de farine* • *6 œufs* • *1 litre de lait* • *50 g de beurre* • *150 g de beurre*
• *1 cuillerée à soupe de sucre en poudre* • *sel + 200 g de sucre en poudre* • *6 oranges*

Versez la farine dans un grand saladier. Ajoutez le sel et le sucre, puis les œufs entiers. Mélangez soigneusement avec un batteur électrique, jusqu'à obtenir une pâte homogène et lisse.

Incorporez alors le lait froid et le beurre fondu tout en continuant de battre le mélange.

Laissez reposer quelques heures. Vous pouvez même préparer cet appareil la veille et le garder au frais dans la partie basse du réfrigérateur.

Versez alors une petite quantité de pâte, à l'aide d'une louche, dans une poêle très chaude où vous aurez fait fondre un peu de beurre. Étalez bien la pâte sur toute la surface de la poêle et remettez sur feu vif. Quand la crêpe est cuite d'un côté, retournez-la en la faisant sauter et laissez cuire l'autre face. Réservez chaque crêpe dans un plat tenu au chaud. Remettez une noisette de beurre dans la poêle et recommencez l'opération jusqu'à épuisement de la pâte.

Saupoudrez maintenant chaque crêpe de sucre. Pliez-les en quatre.

Laissez fondre 70 g de beurre dans une poêle. Posez-y quatre crêpes côte à côte et laissez-les dorer 1 minute sur chaque face. Remettez-les sur le plat tenu au chaud. Agissez ainsi pour toutes les crêpes. Réservez au chaud.

Pressez les oranges. Versez le jus dans la poêle avec le reste de sucre en poudre. Délayez tout en portant à ébullition. Versez sur les crêpes et servez aussitôt.

Prévoyez un partage équitable entre petits et grands. Pour les premiers, vous servirez les crêpes telles quelles. Pour les seconds, flambez les crêpes juste avant de servir avec quelques cuillerées à soupe de rhum que vous aurez fait chauffer auparavant.

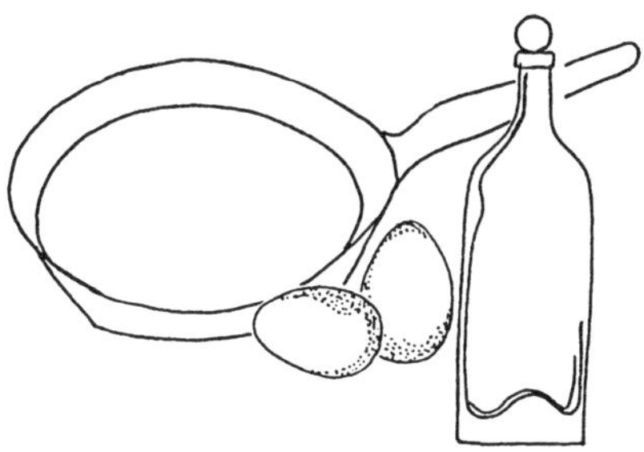

Crêpes au fromage blanc
Eierküeche met Wissem Kas

Pour 8 *personnes*

• 300 g de farine • 4 œufs
• 6 verres de lait • 500 g de fromage blanc
• 150 g de sucre en poudre • 100 g de beurre
• 1 verre de rhum • 100 g de raisins secs
• 1/2 cuillerée à café de sel

Mettez les raisins à tremper dans le rhum.

Dans un grand saladier, versez la farine. Ajoutez le sel, les œufs entiers. Mélangez au batteur électrique. Ajoutez alors 5 verres de lait et 50 g de beurre fondu. Continuez à battre au fouet jusqu'à obtenir une pâte lisse assez liquide.

Mettez un peu de beurre dans une poêle, sur feu vif. Versez une louche de pâte en l'étalant bien. Quand la crêpe est cuite d'un côté, faites-la sauter pour la retourner et cuire l'autre côté. Procédez ainsi jusqu'à épuisement de la pâte. Réservez les crêpes sur un plat tenu au chaud.

Battez le fromage blanc avec le reste de lait. Ajoutez le sucre, les raisins et le rhum dans lequel ils ont macéré. Mélangez soigneusement et étalez sur chacune des crêpes que vous roulerez au fur et à mesure.

Placez-les ensuite sur un plat à gratin et mettez à four moyen (Th 6/7) pendant 15 minutes.

Servez chaud.

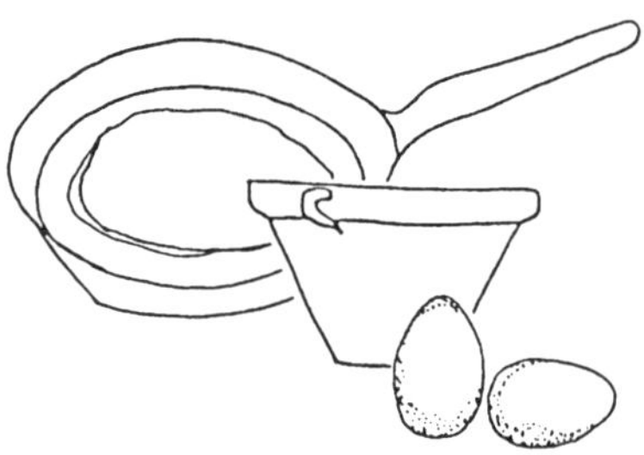

Flan aux mirabelles
Mirabellaflan

• 500 *g de mirabelles* • 3 *pommes à chair ferme*
• 10 *cl d'eau-de-vie* • 125 *g de farine*
• 4 *œufs* • 25 *cl de lait* • 100 *g de sucre en poudre*
• 1 *cuillerée à café de cannelle en poudre*
• 1 *citron* • 80 *g de beurre* • *sel*

Pelez les pommes et coupez-les en lamelles. Frottez-les avec le jus du citron pour éviter leur noircissement.

Dans un plat à tarte beurré, disposez les mirabelles lavées et essuyées. Ajoutez les lamelles de pommes. Saupoudrez avec la moitié du sucre.

Dans un grand saladier, mélangez les œufs entiers, le reste de sucre, la farine, la cannelle et une pincée de sel. Ajoutez le lait et le beurre ramolli. Mélangez soigneusement. Terminez en ajoutant l'eau-de-vie.

Versez cet appareil sur les fruits. Mettez dans le four préchauffé à Th 6/7 pendant 45 minutes.

Sortez du four et servez tiède dans le plat de cuisson.

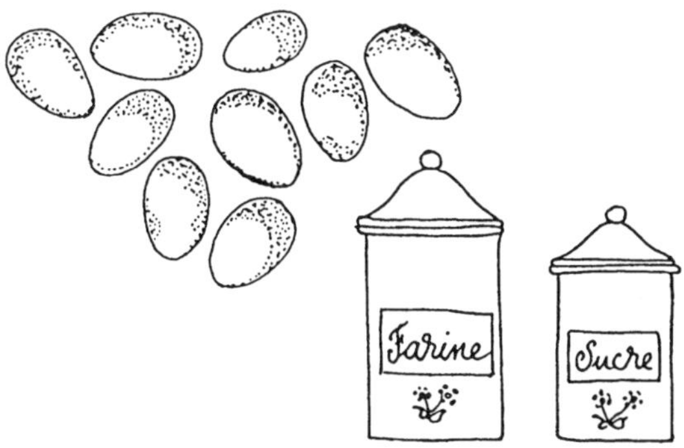

Glace aux myrtilles
Heidelbeere-Iss

- 1 *pot de confiture de myrtilles*
- 1 *verre de kirsch*
- 1 *litre de crème glacée à la vanille*

Placez dans le compartiment glacière du réfrigérateur 6 verres hauts.

Dans un grand bol, versez la confiture de myrtilles et le kirsch. Battez soigneusement à l'aide d'une fourchette.

Sortez les verres du freezer. Mettez dans chacun deux à trois boules de crème glacée à la vanille. Versez par-dessus quelques cuillerées à soupe de l'appareil précédent.

Voilà un dessert qui va faire des jaloux chez les petits ! C'est vrai, en raison de l'ajout de kirsch, il n'est pas recommandé de le servir aux jeunes enfants. Vous les consolerez en leur faisant déguster de la crème glacée à part, sans alcool, et en les laissant puiser dans un grand paquet de cigares et d'éventails qu'ils partageront avec les grands.

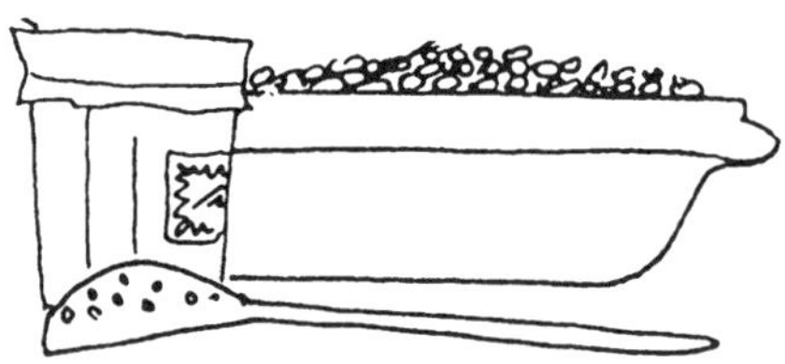

Sorbet aux mirabelles
Mirabellasorbet

• 1,5 kg de mirabelles • 200 g de sucre à confiture
• 150 g de sucre en poudre • 20 cl d'eau-de-vie
• 1 citron • 50 g de beurre

Lavez les mirabelles, essuyez-les.

Dans une grande casserole, faites bouillir 20 cl d'eau dans laquelle vous aurez ajouté le sucre à confiture et le jus de citron. Ajoutez 1 kg de mirabelles dénoyautées et laissez cuire 5 minutes à feu doux.

Passez les fruits avec leur sirop au moulin à légumes à travers la grille fine. Filtrez à travers un chinois. Ajoutez la moitié de l'eau-de-vie et laissez refroidir.

Mettez alors cette préparation dans une sorbetière.

Dans une casserole, versez 25 cl d'eau, 100 g de sucre en poudre, et ajoutez les mirabelles. Laissez cuire sur feu doux 5 minutes à partir du début du frémissement.

Mettez le beurre dans une poêle avec le reste de sucre. Faites chauffer sur feu moyen jusqu'à obtenir un caramel blond. Versez alors les 500 g de mirabelles non dénoyautées en remuant délicatement avec une spatule en bois pour que les fruits soient enrobés du mélange.

Sur un grand plat de service, ou dans des assiettes individuelles, disposez des parts de sorbet prélevées à l'aide d'une cuiller à soupe et décorez en disposant les mirabelles entières.

Faites chauffer le reste d'eau-de-vie dans une petite casserole. Hors du feu, flambez et versez sur les fruits. Servez aussitôt.

Vous pouvez apporter une touche de couleur en disposant sur le plat ou les assiettes quelques feuilles de menthe fraîche, ou des pétales de capucines de teintes différentes.

Mousse au kirsch
Kirschmousse

Idéal pour une fin de repas de famille, ou entre amis, l'été. Rafraîchissante, légère, cette mousse sera appréciée de tous. Aucune inquiétude : même les jeunes peuvent participer à la fête : la quantité de kirsch n'est pas telle qu'elle leur interdise leur part du gâteau !

Pour 10 personnes

• 30 *cerises confites* • 20 *cl de kirsch*
• 1 *litre de glace à la vanille* • 400 *g de crème fraîche*

Mettez la glace dans votre réfrigérateur : il faut obtenir une consistance moelleuse que vous pourrez travailler ensuite.

Mettez la crème fraîche dans la partie haute du réfrigérateur. Placez un grand bol dans le compartiment freezer.

Pendant ce temps, coupez les cerises en petits morceaux. Mettez-les à macérer dans le kirsch pendant une quinzaine de minutes.

Mettez la crème fraîche dans le bol sorti du freezer. Fouettez énergiquement et incorporez délicatement la glace ramollie, puis les cerises et le kirsch.

Placez cet appareil au freezer pendant 2 ou 3 heures.

Servez dans des coupes individuelles.

Vous pouvez décorer chaque coupe avec deux ou trois feuilles de menthe fraîche.

Liqueurs et boissons à base d'alcool ou de vin

Liqueur de myrtilles
Liqueur de cassis
Sirop de framboises
Liqueur de noix
Vin de noix
Kummel
Vin chaud aux épices
Liqueur de prunelles

Liqueur de myrtilles
Heidelbeerewasser

• 1 *kg de myrtilles* • *0,5 litre d'alcool pour fruits*
• *sirop de sucre de canne*

Lavez les fruits. Mettez-les à macérer dans l'alcool (de préférence dans un grand bocal hermétique) pendant au moins deux mois.

Passez alors les myrtilles au mixer. Filtrez.

Mesurez le jus obtenu et ajoutez la même quantité de sirop de sucre de canne.

Versez la préparation dans un bocal hermétique et laissez vieillir au minimum 3 mois à l'abri de la lumière.

Liqueur de cassis
Schwarze Kanzistriwel Likör

• 1,5 *kg de cassis* • 20 *à* 25 *feuilles de cassis*
• 1 *litre d'eau-de-vie de fruits* • 500 *g de sucre en poudre*
• 1 *petit bâton de cannelle* • 1 *clou de girofle*

Lavez les cassis et les feuilles. Égouttez-les soigneusement.

Mettez-les dans un grand bocal à fermeture hermétique. Ajoutez le petit bâton de cannelle et le clou de girofle. Versez dessus l'eau-de-vie. Fermez le bocal. Laissez macérer pendant 1 mois et demi à deux mois dans un endroit le plus ensoleillé possible.

Au bout de ce temps, égouttez les fruits en filtrant le jus.

Faites cuire le sucre, sur feu doux, dans 1 petit verre d'eau tout en remuant pour le dissoudre. Dès les premiers bouillons, ajoutez ce sirop au jus des cassis. Mélangez soigneusement.

Transvasez dans une bouteille ou dans des flacons fermant hermétiquement.

Laissez reposer plusieurs mois avant de consommer.

Sirop de framboises
Himbeeresirup

• *400 g de framboises très mûres*
• *1 bouteille de bon vin blanc sec* • *1 kg de sucre*

Passez les fruits sous un filet d'eau et égouttez.

Mettez-les dans un récipient avec le vin blanc et laissez reposer 2 heures en bas du réfrigérateur.

Passez ensuite à travers un torchon en pressant légèrement. Versez le jus obtenu dans une casserole, ajoutez le sucre et portez à ébullition sur feu doux tout en remuant.

Dès les premiers bouillons, retirez du feu. Laissez refroidir. Filtrez.

Versez cette préparation dans des bouteilles soigneusement lavées à l'eau bouillante. Bouchez hermétiquement (les bouteilles de jus de fruits à bouchon métallique conviennent parfaitement). Mettre au réfrigérateur.

Ce sirop doit se consommer dans les jours qui suivent, car il ne se conserve pas très longtemps. Vous pouvez le servir coupé d'eau, ou de lait, avec des glaçons.

Liqueur de noix
N*ussewasser*

Il vous faudra cueillir les noix à la fin du mois de juin, quand elles sont encore vertes. Certains affirment que les fruits récoltés le jour de la Saint-Jean, le 24 juin, donnent les meilleurs résultats. Ne vous focalisez pas pour autant sur le calendrier : un peu avant ou un peu après, les noix que vous ramasserez seront tout aussi bonnes. La qualité de votre liqueur dépend avant tout de celles des ingrédients que vous utiliserez.

• 15 *belles noix vertes* • 1 *litre d'alcool de fruits*
• 500 *g de sucre de canne* • 1 *bâtonnet de cannelle*
• 1 *gousse de vanille* • 5 *étoiles d'anis* • 2 *clous de girofle*

Essuyez les noix et écrasez-les doucement avec un marteau.

Mettez-les dans un grand bocal fermant hermétiquement. Ajoutez le sucre, la cannelle, la vanille, l'anis étoilé, les clous de girofle et enfin l'alcool.

Laissez le plus possible (au moins deux mois) exposé au soleil. Secouez le bocal de temps en temps. Il faut que le sucre soit totalement dissous.

Au bout de ce temps, filtrez le mélange. Mettez dans des bouteilles à fermeture hermétique.

Cette délicieuse liqueur présente l'avantage de pouvoir « être oubliée » sur une étagère du cellier : en effet, elle se bonifie avec le temps et les mois, et même les années – si vous tenez jusque-là – passant, c'est un vrai nectar que vous finirez par servir à vos invités...

Vin de noix
N*usswin*

* *une trentaine de belles noix vertes cueillies à la fin juin*
* *5 litres de bon vin rosé ou blanc sec*
* *1 litre d'alcool de fruits* • *1 kg de sucre en poudre*
* *1 gousse de vanille* • *1 bâtonnet de cannelle* • *5 clous de girofle*

Couper les noix en quatre, ou les écraser doucement avec un marteau.

Mettez-les dans une petite bonbonne. Ajoutez le sucre, la vanille, la cannelle et les clous de girofle. Terminez par l'alcool.

Rebouchez la bonbonne et secouez énergiquement.

Mettez dans un endroit frais (cave ou cellier), et pensez à secouer la bonbonne de temps en temps.

Attendez 4 ou 5 mois avant de consommer.

Comme la liqueur, ce vin de noix se bonifie avec l'âge, et vous ne regretterez pas de l'avoir « oublié » au fond de votre cellier.

Kummel

* *1 litre d'alcool blanc à 90 °C (votre pharmacien consentira peut-être à vous vendre cette quantité d'alcool non dénaturé)*
* *500 g de sucre en poudre*
* *2 cuillerées à soupe de graines de cumin*
* *1 cuillerée à café de graines de fenouil*
* *1 cuillerée à café de graines d'anis vert*
* *1 cuillerée à café de graines de coriandre*

Mélangez les graines dans un mortier et écrasez-les au pilon (vous pouvez également utiliser un vieux moulin à café électrique, mais évitez de « chauffer » les graines en procédant rapidement).

Versez la poudre obtenue sur un carré de mousseline. Nouez avec une ficelle fine en laissant un bout assez long.

Versez l'alcool dans un bocal pouvant fermer hermétiquement. Suspendez le nouet de façon qu'il trempe dans l'alcool sans toucher le fond du bocal. Fermez et laissez macérer pendant 15 à 20 jours à l'abri de la lumière.

Au bout de ce temps, préparez un sirop : mélangez le sucre et 0,5 litre d'eau. Mettez à bouillir jusqu'à épaississement et laissez refroidir. Versez alors dans le bocal. Laissez à nouveau reposer une dizaine de jours. Filtrez et mettez en bouteille.

Cette liqueur au goût agréable étonnera vos amis. Elle vieillit sans problème et peut donc se conserver longtemps.

Vin chaud aux épices
Egwertzter vin chaud

• 1 *bouteille de* Pinot *noir* • 150 *g de sucre*
• 1 *verre de cognac* • 3 *clous de girofle*
• 1 *bâtonnet de cannelle*
• 1 *cuillerée à café de gingembre frais râpé*
• *le zeste d'une orange*

Dans une bande de mousseline large, enfermez les clous de girofle, la cannelle, le zeste d'orange et le gingembre. Nouez.

Mettez ce nouet dans une casserole, avec le vin rouge et le sucre, sur feu doux.

Aussitôt que la surface se couvre d'écume, enlevez du feu. Ajoutez alors le cognac.

Laissez reposer quelques minutes, puis retirez le nouet de mousseline.

Servez très chaud.

Un soir d'hiver, pour se réchauffer, ou entre amis, en fin de soirée, bien installé devant la cheminée... À moins que, sentant venir les atteintes d'un rhume, vous ne préfériez avaler cette préparation brûlante avant d'aller vous réfugier sous la couette. Une bonne suée garantie et, la plupart du temps, un rhume tué net aux premiers symptômes !

Liqueur de prunelles
Pflume Likör

• 600 g de prunelles bien mûres
• 1 litre d'eau-de-vie de fruits
• 250 g de sucre en poudre • 1 bâton de vanille

Lavez les prunelles. Essuyez-les soigneusement dans du papier absorbant.

Écrasez-les sans les dénoyauter dans une terrine.

Versez-les dans un bocal en verre à fermeture hermétique. Ajoutez l'eau-de-vie, le sucre, la vanille.

Fermez le bocal et laissez macérer pendant 2 mois dans un endroit frais.

Filtrez alors à travers un chinois à grille très fine. Mettez en bouteille à fermeture hermétique.

Les prunelliers se trouvent très souvent le long des chemins ou des routes. Les fruits se cueillent après les premières gelées ; ils sont ainsi ramollis et plus propres à la préparation.

Conserves et confitures

Quetsches au naturel
Confiture de quetsches
Confiture de mirabelles
Confiture d'airelles
Crème de myrtilles
Compote de quetsches
Gelée de cassis
Gelée de groseilles
Cerises à l'eau-de-vie
Framboises à l'eau-de-vie
Cerises au vinaigre

Quetsches au naturel
Igmachti quatscha

- *2 kg de quetsches bien mûres*
- *1 kg de sucre en poudre*

Coupez les prunes en deux et ôtez le noyau.

Mettez les demi-quetsches dans les bocaux, côté bombé vers le haut. Tassez soigneusement.

Saupoudrez au fur et à mesure avec le sucre. Couvrez. Bouchez les pots hermétiquement.

Placez-les dans une bassine et couvrez d'eau. Comptez 45 minutes à partir du début de l'ébullition.

Confiture de quetsches
Quatscha Kumfitür

- *2 kg de quetsches bien mûres*
- *2 kg de sucre en poudre*

Lavez les fruits. Essuyez-les et ôtez les noyaux.

Mettez-les à cuire à feu moyen dans une grande marmite pendant 1 heure. Remuez de temps en temps avec une spatule en bois pour éviter de laisser attacher les fruits.

Ajoutez alors le sucre et laissez cuire pendant 1 heure encore. Tournez régulièrement de manière que le sucre se mélange parfaitement sans caraméliser.

Remplissez les bocaux soigneusement lavés et essuyés.

Confiture de mirabelles
Mirabella Kumfitür

• 3 kg de mirabelles bien mûres • 3 kg de sucre • le jus de 3 citrons

Lavez et dénoyautez les fruits. Mettez-les dans une grande marmite et faites cuire à feu moyen pendant environ 1 heure en remuant de temps en temps.

Ajoutez alors le sucre et remuez régulièrement avec une spatule en bois de façon à ne pas laisser caraméliser.

Ajoutez le jus des citrons (cela permet de conserver la teinte claire des fruits).

Laissez 45 minutes sur feu moyen tout en remuant de temps en temps.

Mettez dans des pots bien lavés et essuyés. Fermez.

Voici une petite astuce qui vous permettra d'obtenir une confiture à la saveur très particulière : conservez dans la marmite de quoi remplir 3 ou 4 pots. Ajoutez à la préparation l'extrémité fleurie d'un brin de lavande. Laissez cuire à léger frémissement une dizaine de minutes en plus. Mettez en pots.

Confiture d'airelles
Prisselbeere Kumfitür

• 2 kg d'airelles • 1,5 kg de sucre en poudre

Lavez et égouttez les airelles. Égrappez-les dans un saladier.

Faites dissoudre le sucre dans une bassine avec 35 cl d'eau. Mettez sur feu moyen. Quand le mélange arrive à ébullition et commence à former de petites perles (surtout, veillez à ne pas laisser caraméliser), ajoutez les airelles. Amenez à nouveau à ébullition.

Laissez alors cuire pendant 25 minutes à petits bouillons en remuant souvent.

Mettez en pots aussitôt. Fermez alors que la confiture est encore chaude.

Les airelles sont des baies sauvages de la même famille que les myrtilles. Les premières tirent sur le rouge, les secondes sont plus violacées. Elles sont parfaites en accompagnement aigre-doux de gibiers.

Crème de myrtilles
Heidelbeerecreme

• 75 cl de jus de myrtilles (en bouteille)
• 50 g de sucre en poudre • 2 cuillerées à soupe de maïzena

Versez 70 cl du jus de myrtilles dans une casserole. Portez à ébullition.

Dans un saladier, mélangez le sucre et la maïzena. Ajoutez le reste de jus de myrtilles et mélangez soigneusement.

Versez le jus brûlant sur ce mélange. Mettez dans une casserole et faites épaissir sur feu moyen tout en remuant avec une cuillère en bois. Réduisez ensuite le feu et laissez mijoter doucement 10 minutes environ.

Versez cet appareil dans un saladier. Battez au fouet électrique jusqu'à ce que le mélange ait doublé de volume. Transvasez alors dans des coupes de service. Laissez reposer dans un endroit frais.

Vous servirez cette crème de myrtilles avec de la Chantilly *et quelques petits biscuits secs.* Attention : *ne préparez cette douceur que très peu de temps avant de la servir.*

Compote de quetsches
Gekochti quetches

• 1 kg de quetsches • 100 g de sucre en poudre

Lavez les quetsches. Coupez-les en deux et retirez le noyau.

Dans une grande casserole, versez le sucre et un verre d'eau. Délayez avec une cuillère en bois pour bien dissoudre le sucre.

Ajoutez alors les quetsches. Mettez sur feu moyen pendant 35 minutes.

Retirez du feu et laissez tiédir. À ce moment-là, versez les fruits dans un compotier.

Cette compote de quetsches peut constituer un excellent goûter sur des tartines de pain brioché. Mais, *plus original, vous la servirez en accompagnement d'un rôti de porc ou encore d'un lapin cuit au four, en complément de pommes de terre cuites à l'eau ou de riz nature.*

Gelée de cassis
Schwarzikanzistriwela gelee

• *2 kg de cassis* • *750 de sucre environ* • *eau*

Lavez les cassis. Égouttez-les.

Mettez-les dans une bassine, avec 3 à 4 verres d'eau, sur feu moyen.

En cours de cuisson, pressez les fruits avec une spatule pour les faire éclater. Laissez cuire 10 minutes. Remuez régulièrement.

Filtrez le jus à travers un chinois. Mesurez le jus obtenu (il vous faut compter 750 g de sucre pour 1 litre de jus de cassis).

Versez le tout dans la bassine. Mélangez et portez à ébullition sur feu vif tout en remuant. Aux premiers gros bouillons, comptez 2 à 3 minutes. Retirez dès que la gelée commence à prendre.

Mettez aussitôt en pots. Couvrez.

Attention : cette gelée prend très vite, car le cassis est une baie très riche en pectine. Soyez donc très attentifs à la cuisson.

Gelée de groseilles
Kanzestriewelegelee

Pour 10 pots de 500 g :
2,5 kg de groseilles (fraîches ou surgelées) • 2,5 *kg de sucre en poudre*
• 1 *pincée de gingembre*

Lavez rapidement les fruits (si vous les avez achetés surgelés, laissez-les décongeler dans une grande passoire).

Mettez-les dans une bassine à confiture ou dans une grande cocotte avec 30 cl d'eau. Faites cuire à feu vif sans cesser de remuer tout en écrasant les groseilles avec la spatule.

Filtrez à travers un tamis sans presser (de cette manière, vous obtiendrez une gelée limpide).

Ajoutez le même poids de sucre que le jus obtenu et le gingembre. Mettez à cuire pendant 5 minutes à partir de l'ébullition.

La gelée sera cuite quand une goutte versée sur une soucoupe froide prend presque aussitôt.

Mettez alors tout de suite dans les pots. Laissez refroidir avant de fermer hermétiquement.

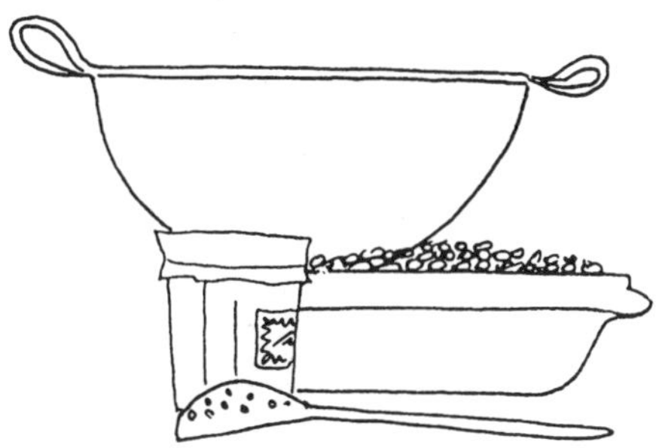

Cerises à l'eau-de-vie
Ingemachdi Kirsche im schnaps

• 1 *kg de cerises aigres*
• 250 *g de sucre en poudre*
• 1 *litre d'eau-de-vie* • 1 *petit bâton de cannelle*

Lavez les cerises. Essuyez-les.

Coupez les queues en laissant un centimètre attaché au fruit.

Dans un grand bocal en verre fermant hermétiquement, alternez couches de cerise et couches de sucre. A la moitié du remplissage, posez le bâtonnet de cannelle.

Versez l'eau-de-vie, et bouchez hermétiquement.

Conservez dans un endroit sombre pendant au moins deux mois avant de consommer.

Avec le temps, les cerises vont perdre leur belle couleur. Cela est dû à l'action de l'eau-de-vie, et est tout à fait normal.

Dans le commerce, on peut trouver cette même préparation avec des fruits bien rouges. Ne croyez pas que les fabricants ont un secret pour cela... sauf celui d'avoir ajouté aux cerises une dose de colorant !

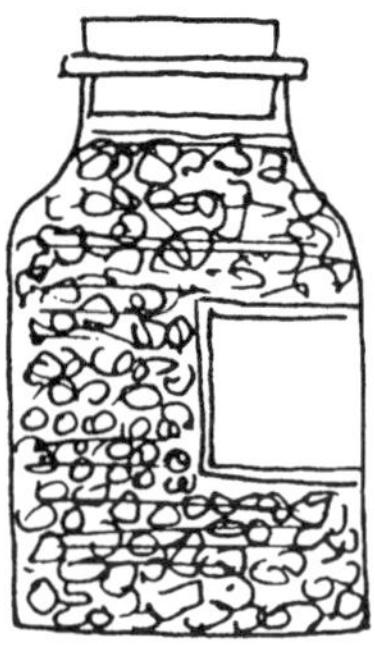

Framboises à l'eau-de-vie
Ingemachdi Himbeere im schnaps

Comme la myrtille, la framboise pousse à l'état sauvage. Vous ne manquerez pas d'en cueillir lors de vos promenades dans les forêts des Vosges. Comme pour tous les petits fruits, ne mettez pas votre récolte dans un sac plastique : les fruits s'échauffent et s'écrasent. Si vous plantez des framboisiers dans votre jardin, vous obtiendrez des fruits aussi parfumés que ceux cueillis dans la nature. Mais attention : le framboisier a tendance à proliférer ; veillez à ne pas vous laisser envahir par les rejetons...

- *1 kg de framboises*
- *300 g de sucre semoule*
- *1 litre d'alcool pour fruits*

Triez les framboises et ne gardez que les saines et les plus mûres.

Disposez-les dans des bocaux à fermeture hermétique préalablement ébouillantés et séchés en alternant couches de fruits et couches de sucre.

Versez ensuite l'alcool. Bouchez et laissez une semaine exposé au soleil.

Les fruits vont se tasser dans les bocaux. N'hésitez pas à en rajouter de manière que les récipients soient bien remplis.

Au bout de ce temps, rangez vos bocaux dans un endroit frais (cave ou cellier).

Attendez au moins trois mois avant de consommer.

Cerises au vinaigre
Ingemachdi Kirsche im Essig

• 600 *g de bigarreaux* • 75 *cl de vinaigre à cornichons*
• 1 *branche d'estragon*
• 1 *cuillerée à soupe de grains de poivre blanc*
• 1 *cuillerée à café de sel*

Lavez les cerises. Essuyez-les. Coupez les queues en laissant environ un demi-centimètre attaché au fruit.

Mettez-les dans un bocal en verre.

Dans une casserole, mettez le vinaigre à bouillir pendant 5 minutes. Versez-le aussitôt sur les fruits. Laissez macérer pendant une journée.

Égouttez alors les cerises en conservant le vinaigre.

Remettez les fruits dans le bocal.

Portez à nouveau le vinaigre à ébullition et versez-le sur les cerises.

Ajoutez l'estragon, les grains de poivre et le sel. Laissez refroidir.

Fermez le bocal. Laissez environ un mois avant de consommer.

Ainsi préparées, les cerises accompagnent viandes froides et charcuteries.

Sauces

Sauce au raifort
Meerradigsos

Le raifort est une plante originaire d'Orient, à racine cylindrique brune à l'extérieur et blanche à l'intérieur. De saveur âcre et piquante, d'odeur très pénétrante. La racine s'emploie râpée comme condiment.

• *2 cuillerées à soupe de mie de pain* • *6 cuillerées à soupe de lait tiède*
• *2 cuillerées à soupe de raifort*
• *4 cuillerées à soupe de crème fraîche* • *sel* • *poivre*

Trempez la mie de pain dans le lait. Pressez-la.
Mélangez soigneusement cette mie avec le raifort râpé. Salez, poivrez.
Incorporez peu à peu la crème fraîche tout en remuant.

Sauce au raifort chaude
Heisi Meeradigsos

• *150 g de raifort râpé*
• *1 cube de bouillon de volaille (ou de bœuf)*
• *20 cl de crème fraîche* • *50 g de mie de pain*
• *2 jaunes d'œufs* • *1 pincée de muscade*
• *1 cuillerée à café de moutarde*
• *1 cuillerée à café de vinaigre* • *sel* • *poivre*

Faites dissoudre le cube de bouillon dans 40 cl d'eau bouillante. Versez le raifort dans un bol et ajoutez 20 cl de bouillon brûlant. Couvrez.

Dans une casserole, versez la crème fraîche et la mie de pain. Mélangez avec le reste de bouillon chaud, puis, sans cesser de remuer, ajoutez le raifort, les jaunes d'œufs, le sel, le poivre et la muscade. Terminez en ajoutant la moutarde et le vinaigre.

Sauce blanche
Wissi sos

• *50 g de beurre* • *50 g de farine*
• *3/4 de litre d'eau*
• *1 tablette et demie de bouillon de bœuf*
• *sel* • *poivre*

Dans une casserole, sur feu très doux, mettez le beurre à fondre.

Versez alors la farine tout en délayant à l'aide d'un fouet à sauce. Il faut que le mélange devienne homogène.

Versez d'un coup l'eau, ajoutez la tablette et demie de bouillon émiettée, salez, poivrez. Porter à ébullition, sur feu doux, sans cesser de remuer.

Laissez alors cuire encore 10 minutes, toujours en remuant au fouet à sauce.

Beaucoup de farines vendues dans le commerce sont garanties pour ne pas former de grumeaux. Cependant, si vous voulez tout de même être sûr de votre résultat, voici un conseil utile : soit vous versez le bouillon froid dans le mélange beurre-farine chaud, soit vous versez le bouillon chaud dans le mélange beurre-farine préalablement refroidi...

Sauce béarnaise
Fini sos fer Fleisch

• *3 jaunes d'œufs* • *150 g de beurre*
• *3 échalotes* • *1 branche d'estragon*
• *4 cuillerées à soupe de vinaigre blanc*
• *sel* • *poivre*

Épluchez les échalotes. Hachez-les. Hachez également l'estragon.

Versez ces hachis dans une casserole avec le vinaigre. Amenez à ébullition et laissez bouillir jusqu'à évaporation complète du vinaigre.

Retirez du feu et ajoutez alors 3 cuillerées à soupe d'eau et les jaunes d'œufs. Remettez immédiatement sur feu très doux en délayant vivement à l'aide d'un fouet à sauce. Le mélange doit épaissir et adhérer aux branches du fouet.

Retirez à nouveau du feu. Incorporez alors le beurre coupé en petits morceaux tout en remuant avec une spatule.

Attention : la sauce béarnaise ne peut être réchauffée, sous peine de tourner irrémédiablement. C'est la raison pour laquelle il faut la préparer au tout dernier moment. Si vos invités ont un peu de retard, ou si l'apéritif traîne un peu, vous pouvez éventuellement la mettre dans un bain-marie tiède.

Sauce béchamel
Fini sos fer ewerbache

• *50 g de beurre* • *50 g de farine*
• *3/4 de litre de lait*
• *1 pincée de noix de muscade râpée*
• *sel* • *poivre*

Mettez le beurre à fondre dans une petite casserole, sur feu doux. Versez dessus la farine. Tournez à l'aide d'un fouet à sauce, le temps que se forme une pâte.

Versez alors d'un coup le lait froid tout en remuant au fouet. Salez, poivrez, ajoutez la muscade.

Portez à ébullition sans cesser de remuer. L'appareil épaissit et vous devez obtenir un mélange onctueux et lisse.

Laissez cuire toujours sur feu doux pendant une dizaine de minutes en remuant de temps en temps.

Rectifiez l'assaisonnement si nécessaire.

Là encore, grâce aux farines « garanties sans grumeaux », vous ne devez pas rencontrer de problème de cet ordre. Mais si vous craignez malgré tout ce type d'incident, veillez à verser le lait bien froid d'un seul coup.

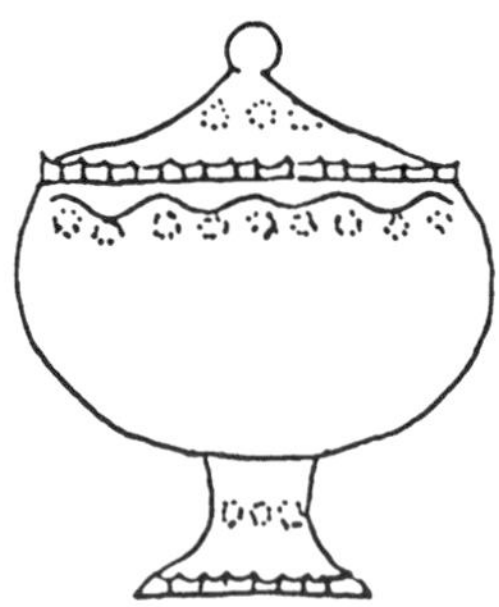

Sauce madère
Madersose

• 100 g de champignons de Paris • 1 oignon • 50 g de beurre
• 1 cuillerée à soupe de farine • 30 cl de vin blanc sec
• 1 verre à apéritif de madère • sel • poivre

Lavez rapidement les champignons. Coupez la base terreuse. Hachez-les finement ainsi que l'oignon.

Mettez dans une casserole avec le beurre. Faites dorer sur feu moyen. Ajoutez la farine tout en mélangeant avec une cuiller en bois jusqu'à ce que la préparation blondisse.

Incorporez alors le vin blanc. Continuez de remuer jusqu'à ébullition. Laissez mijoter sur feu très doux pendant 15 minutes.

Hors du feu, ajoutez le madère préalablement chauffé.

Sauce mousseline
Muslinsos

• 2 jaunes d'œufs • 125 g de beurre
• 10 cl de crème fraîche • sel • poivre

Dans une casserole, sur feu très doux, mettez les jaunes d'œufs et un demi-verre d'eau. Salez, poivrez. Battez vivement au fouet jusqu'à obtenir un mélange épais et mousseux.

Hors du feu, ajoutez le beurre par petits morceaux sans cesser de battre avec le fouet. Gardez tiède au bain-marie. Au moment de servir, incorporez très délicatement la crème fraîche.

(*Pour bien réussir la sauce mousseline, il convient de battre suffisamment les jaunes d'œufs sur feu très doux. La préparation est à point quand elle est devenue mousseuse et adhère aux branches du fouet.*)

Sauce vinaigrette
Essigsos

• *2 cuillerées à café de moutarde*
• *5 cuillerées à soupe d'huile*
• *1 cuillerée à soupe de vinaigre* • *sel* • *poivre*

Dans un bol, mettez la moutarde et l'huile. Mélangez en tournant avec une fourchette. Ajoutez alors le vinaigre, puis le sel et le poivre sans cesser de tourner jusqu'au moment de mettre sur la table (l'huile et le vinaigre ont tendance à se séparer).

Sauce mayonnaise
Majonnäs

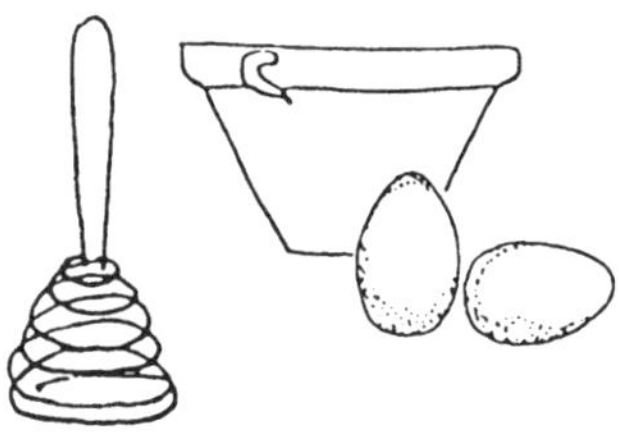

• *2 jaunes d'œufs*
• *1 cuillerée à café de moutarde*
• *30 à 40 cl d'huile* • *sel* • *poivre*

Dans un grand bol, mettez les jaunes d'œufs et la moutarde. Tournez délicatement avec l'extrémité du fouet jusqu'au mélange complet. Incorporez alors l'huile en la faisant couler en mince filet sans cesser de remuer au fouet. Lorsque vous estimez la quantité de mayonnaise obtenue suffisante, ajoutez le sel et le poivre et tournez encore quelques secondes pour bien mélanger le tout.

Attention : vous pouvez conserver dans le bas du réfrigérateur le reste de mayonnaise du repas de midi pour le soir; jamais plus longtemps.

Sauce hollandaise
Fini sos fer Fisch

• 3 jaunes d'œufs • 130 g de beurre
• 1 citron • 3 cuillerées à soupe d'eau froide
• sel • poivre

Dans une casserole à fond épais, mettez les jaunes d'œufs, l'eau froide, 1 cuillerée à café de jus de citron, le sel et le poivre.

Posez sur feu très doux. Battez énergiquement au fouet jusqu'à ce que le mélange épaississe et accroche aux branches du fouet.

Retirez du feu. Incorporez alors le beurre ramolli par petites noisettes, puis le reste du jus de citron, sans cesser de tourner avec le fouet.

La sauce hollandaise est assez délicate à réussir. Pour ne pas courir le risque de la voir tourner, il convient de respecter quelques règles simples : procédez toujours sur feu très doux (vous devez pouvoir poser la main sur la casserole sans vous brûler). D'autre part, une fois terminée, il ne faut surtout pas la réchauffer : elle tournerait à coup sûr !

Beurre d'escargots
Schnackabutter

• 200 g de beurre • 2 échalotes
• 2 gousses d'ail
• persil • sel • poivre

Hachez très finement l'échalote, l'ail et le persil.

Dans un bol, malaxez avec le beurre bien ramolli. Salez, poivrez.

Continuez à malaxer jusqu'à obtenir une pommade lisse.

Réservez dans le réfrigérateur jusqu'au moment de farcir les escargots avec cette préparation.

Lexique

A

Abaisse : morceau de pâte étendue au rouleau pour l'amincir. Elle sert à foncer un moule.

Abattis : il s'agit du cou, de la tête, des ailerons, du foie et du gésier des volailles.

Appareil : composition d'ingrédients mélangés, destinée à la confection d'un plat.

B

Blanchir : c'est mettre un aliment dans l'eau froide et porter à ébullition ou laisser bouillir quelques instants.

Bouquet garni : herbes et plantes aromatiques (vert de poireau, persil, thym, laurier) liées ensemble, ou enfermées dans un morceau de gaze noué.

Braiser : c'est faire cuire lentement un aliment avec un corps gras dans un récipient fermé.

Brider : c'est maintenir par une ficelle alimentaire les membres d'une volaille afin qu'ils conservent leur forme pendant la cuisson.

C

Cheminée : il s'agit du trou pratiqué à la surface d'une croûte à pâté ou à tourte ; on y introduit pour le maintenir ouvert un morceau de carton ou de papier aluminium roulé.

D

Darne : il s'agit d'une tranche de poisson coupé à cru.

Déglacer : au moyen d'un peu d'eau, ou de vin blanc, consiste à détacher le jus concentré d'une viande et qui reste au fond d'un récipient de cuisson.

Dégraisser : c'est ôter la graisse qui surnage à la surface de certains plats (l'opération est facilitée quand on laisse préalablement refroidir la préparation).

Dessécher : rendre plus sèche une pâte ou une préparation (purée, pâte à choux) en la travaillant à la spatule sur feu doux.

Détrempe : mélange de farine et d'eau servant de point de départ pour la préparation d'une pâte.

Dorer : badigeonner une pâte avec du jaune d'œuf battu ou du lait pour qu'elle dore à la cuisson.

Dresser : disposer une préparation sur un plat de cuisine.

E

Ébarber : consiste à retirer les barbes des coquillages, les nageoires et les queues des poissons à l'aide de ciseaux.

Écumer : c'est enlever la mousse qui se forme à la surface d'une préparation au cours de la cuisson.
Effiler : couper en fines lamelles. Lorsqu'on parle d'une volaille effilée, cela signifie qu'elle a été seulement vidée de son intestin ; il convient de retirer les abats laissés à l'intérieur avant la cuisson.
Émincer : c'est trancher finement viandes, légumes, fruits.
Escaloper : consiste à couper en tranches minces et en biais.
Étouffée : le plat cuit alors lentement, à couvert dans son jus et avec peu de corps gras.

F
Flamber : pour une volaille (mais cela ne se pratique plus que rarement, sauf lorsqu'elles ont été achetées non plumées), c'est la passer rapidement sur la flamme pour brûler les duvets. C'est également verser de l'alcool bouillant sur une préparation chaude avant de l'enflammer.
Foncer : garnir un moule avec une abaisse de pâte.
Fonds : c'est le jus ou le bouillon de cuisson de viandes, de poissons, de fruits de mer.
Fontaine : il s'agit du creux formé dans la farine et dans lequel on verse les autres ingrédients (œufs, beurre ramolli ou fondu, etc.).

G
Glacer : c'est donner un aspect brillant à une viande, un poisson ou une sauce en les passant quelques minutes sous le grilloir du four après les avoir arrosés de jus de cuisson ou de beurre. Pour un gâteau, c'est le recouvrir d'un mélange à base de sucre glace, de chocolat ou de marmelade.
Appliqué aux petits légumes, il s'agit alors de les cuire à découvert avec un peu d'eau légèrement sucrée jusqu'à évaporation complète.
Gratiner : passer un plat au four durant quelques minutes pour colorer sa surface et lui donner la consistance d'une croûte. Au préalable, on saupoudre généralement de fromage râpé ou de chapelure.

L

Lier : c'est, en fin de cuisson, épaissir une préparation liquide en incorporant de la farine, ou de la maïzena, de la fécule de pomme de terre, du jaune d'œuf...

M

Marinade : laisser macérer dans du vin aromatisé – la marinade – avec de l'oignon, de l'ail, du girofle, du thym, du laurier... une pièce de viande pour la parfumer.
Meringuer : c'est recouvrir un gâteau d'une couche de blancs d'œufs sucrés montés et la passer au four pour faire durcir et dorer.
Monder : c'est, après les avoir écalées, ôter la pellicule qui recouvre noisettes, amandes, etc.
Monter : travailler une sauce pour la rendre mousseuse ou consistante ; c'est aussi battre les blancs d'œufs au fouet pour les monter en neige.
Mouiller : ajouter de l'eau, du vin ou tout autre liquide en cours de cuisson.

P

Papillote : feuille de papier sulfurisé ou d'aluminium dont on enveloppe certaines pièces avant de les enfourner, ce qui permet de leur garder tout leur moelleux.
Parer : débarrasser une pièce de viande de ses déchets (graisse, peau, tendons, etc.) avant cuisson.
Paupiette : fine tranche de viande, ou filet de poisson, enroulés autour d'une farce et ficelés.
Pocher : c'est cuire un aliment dans un liquide frémissant juste avant l'ébullition.

R

Réduire : c'est faire cuire une sauce à découvert pour la laisser s'évaporer en partie.
Revenir : saisir les aliments dans un corps gras chaud jusqu'à ce qu'ils soient dorés sur toutes leurs faces.
Rissoler : c'est la même opération que précédemment, mais continuée jusqu'à ce que les aliments prennent une couleur plus foncée.
Roux : mélange de beurre et de farine cuit plus ou moins longuement selon qu'il doit être blanc, blond ou brun.

S

Saisir : déposer une viande sur feu très vif, ce qui permet de lui conserver tous ses sucs.
Suer : faire une précuisson à feu doux et à couvert, dans un corps gras, jusqu'au moment où le jus d'une viande commence à perler.

Quelques trucs pour éviter les ratés

Une mayonnaise qui refuse obstinément de prendre, un beurre blanc qui ne monte pas malgré vos efforts, une sauce trop grasse... Nous nous sommes tous un jour trouvés face à un problème de ce type. Et les invités qui sont sur le point d'arriver ! Allons, pas de panique. Il existe heureusement quelques petites astuces pour rattraper ces embûches et retrouver le sourire...

- Si vous montez les œufs en neige trop longtemps, ils risquent de former des petits grains. On dit qu'ils se mettent à grainer. Vous pouvez tenter de les rattraper en versant sur la préparation une cuillerée à café de sucre en poudre.
- Toujours avec les blancs d'œufs, n'oubliez pas avant de les battre au fouet pour les monter en neige d'incorporer une pincée de sel fin.
- Ne remettez pas sur le feu une sauce liée avec un jaune d'œuf. Vous courez le risque de la voir tourner.
- Contrairement au boudin noir, le boudin blanc ne doit pas être piqué avec les dents d'une fourchette avant la cuisson. Vous empêcherez sa peau d'éclater en le faisant cuire lentement sur feu très doux.
- L'idéal, pour préparer un beurre blanc, c'est d'utiliser une casserole épaisse et haute. Le grand ennemi du beurre blanc, c'est le coup de chaud. Veillez à ce que la casserole ne soit jamais brûlante, sinon la sauce tourne en huile et il est alors impossible de la rattraper.

  Si votre beurre blanc ne « monte » pas, ajoutez une cuillerée à soupe de crème à la réduction d'échalotes.
- La sauce au vin manque de bouquet ? Incorporez deux carrés de chocolat amer et le tour est joué !
- Si une sauce est trop grasse, passez à la surface une feuille de papier absorbant.
- La volaille se révèle trop sèche ? Mettez-la à pocher dans une grande marmite de bouillon pendant environ 1 heure. Puis égouttez-la et faites-la dorer à four chaud.
- La mayonnaise se refuse à prendre. Vite, ajoutez une cuillerée à café de vinaigre ou de jus de citron et continuez à fouetter délicatement.
- Terrines de viande : laisser reposer 6 heures avec un poids posé sur la terrine avant de mettre au frais.
- Lorsqu'on prépare une farce à base de viandes ou de poissons, il est parfois difficile de doser exactement l'assaisonnement. Et beaucoup de cuisinières (et de cuisiniers) rechignent à goûter l'appareil cru. Pour faciliter les choses, prélevez l'équivalent d'une cuillerée à soupe de farce et mettez-la à cuire dans une petite poêle. Vous pourrez ainsi juger sans problème de la nécessité ou non d'ajouter sel et poivre.

Index des recettes

Achevé d'imprimer en avril 2002
Dépôt légal 2e trimestre 2002